Enamorarse de Anna Karénina un sábado por la noche

Primera edición: octubre de 2025
Título original: *Innamorarsi di Anna Karenina il sabato sera. L'arte di leggere i classici in dieci brevi lezioni*

Diseño de cubierta: Taller de los Libros
Imagen de cubierta: abybak (Freepik), ininlinservice (Freepik)
Corrección: Raquel Bahamonde

Publicado por Ático de los Libros
C/ Roger de Flor n.º 49, escalera B, entresuelo, oficina 10
08013, Barcelona
info@aticodeloslibros.com
www.aticodeloslibros.com

ISBN: 979-13-87592-32-5
THEMA: DS
Depósito Legal: B 17561-2025
Preimpresión: Taller de los Libros
Impresión y encuadernación: Liberdúplex
Impreso en España — *Printed in Spain*

Este libro ha sido traducido gracias a una subvención del
Ministerio de Asuntos Exteriores y de la Cooperación Internacional italiano.

Questo libro è stato tradotto grazie a un contributo del
Ministero degli Affari Esteri e della Cooperazione Internazionale italiano.

Guendalina Middei

Enamorarse de Anna Karénina un sábado por la noche

El arte de leer los clásicos en diez breves lecciones

TRADUCCIÓN DE
MARTA REBÓN

ÁTICO DE
LOS LIBROS

BARCELONA - MADRID

Índice

Introducción

El placer de leer a los clásicos

> Los que de verdad me gustan son esos libros que cuando acabas de leerlos piensas que ojalá el autor fuera muy amigo tuyo para poder llamarlo por teléfono cuando quisieras.
>
> J. D. Salinger

Hoy en día, muchos creen que los clásicos no son libros para todo el mundo. Hermosos, sí, y profundos, pero reservados para un cierto tipo de lectores. Pues bien, permitidme que os diga que eso no son más que tonterías. Amar la literatura no es un placer exclusivo para algunos bichos raros. No os dejéis engañar por el prejuicio de que existen libros inaccesibles. Leer es, en esencia, la experiencia más democrática. No importa quién seas, cuánto poseas o a qué te dediques: solo estás tú, las páginas que tienes delante y tus ganas de entender, imaginar y saber.

Se nos ha educado para razonar con excesiva rigidez: «Eso está bien y eso está mal...». Pero un clásico te obliga a cuestionarte lo que estás leyendo y, por reflejo, tu propia vida: «¿Por qué mató Raskólnikov?», «¿Por qué Elizabeth Bennet no puede aceptar el amor del señor Darcy?», «¿Por qué Thomas Buddenbrook detesta tanto a su hermano?». Nos sumergimos en sus vidas, tratamos de comprenderlos, nos dejamos llevar por sus historias... y, en el proceso, reflexionamos sobre nosotros mismos.

Aún recuerdo la primera vez que leí un clásico. Como tantas adolescentes, me sentía como una barca a la deriva, y entonces me topé con aquel tomo de aspecto ajado. Estaba en el desván de mi abuelo; desde el salón llegaban amortiguadas las voces y la música, pero en ese instante fue como si el resto del mundo desapareciera. No podía soltar el libro. Aquel texto, escrito más de un siglo antes por un autor ruso de nombre casi impronunciable, ponía en palabras, con asombrosa precisión, lo que yo misma no lograba articular ni siquiera en mis pensamientos más íntimos. Era como si ese libro me conociera de siempre. Un escalofrío me recorrió el cuerpo y, de repente, me sentí más viva que nunca: más consciente de estar en el mundo, de existir y de no ser solo otra adolescente aburrida, sin rumbo ni propósito. Descubrí un mundo mucho más vasto y rico que el que hasta ese momento habitaba. Ese libro despertó en mí algo que ni siquiera sospechaba que existiera.

Para mí, *Crimen y castigo* fue lo que la magdalena para Marcel Proust:

> Pero, en el preciso momento en que me tocó el paladar el sorbo mezclado con migas de magdalena, me estremecí, atento al extraordinario fenómeno que estaba experimentando. Me había invadido un placer delicioso, aislado [...]. Al momento me había vuelto indiferentes —como hace el amor— las vicisitudes de la vida, sus inofensivos desastres, su ilusoria brevedad, colmándome de una esencia preciosa: o, mejor dicho, esa esencia no estaba en mí, sino que era yo.[1]

Ese día descubrí que leer los clásicos puede ser la experiencia de lectura más emocionante que pueda tenerse en la vida.

Algunos dicen que un libro se convierte en un clásico cuando, habiendo sobrevivido a su tiempo, sigue siendo actual, porque continúa hablándonos, sorprendiéndonos, mostrándonos caminos por explorar. Es una definición que encierra algo de verdad, pero también resulta fría e impersonal, porque no expresa plenamente el poder casi mágico que tienen los clásicos. Para mí, son ante todo amigos: puedo conversar con ellos, interrogarlos; a veces incluso discuto con ellos. No pocas veces ceno o paso la noche en su compañía y, cada vez, encuentro en sus páginas la voz de un amigo interesante, sabio, profundo y generoso, por quien solo puedo sentir afecto y gratitud.

Cuando me atrapa la rutina o la monotonía, me hago la misma pregunta: «¿Dónde ha ido a parar ese deseo mío de vivir, mi ansia de conocer, mi pasión profunda?». El protagonista de *Moby Dick,* cuando se aburre del mundo, se hace a la mar. Yo, en cambio, vuelvo a sumergirme en los clásicos: un océano igual de vasto, hondo y aventurero. «*La odisea* de Homero —dice Kundera— se trasladó al interior. Se internalizó. Las islas, el mar, las sirenas que nos seducen, Ítaca que nos llama de regreso, esas son hoy las voces de nuestro interior».[2] Y, entonces, lo que hago es vivir en compañía de los clásicos. Raskólnikov, Anna Karénina, Thomas Buddenbrook, Elizabeth Bennet y Gregor Samsa han estado siempre a mi lado, tanto en los momentos en que la vida parecía pisar el acelerador como en aquellos en los que se desataban las tormentas más violentas sobre mí. Desde sus páginas, han alzado siempre sus voces amigas, voces que, como balsas mágicas, han venido en mi auxilio.

Leer un clásico es como entrar en una intimidad profunda con un extraño. En el acto de la lectura, se derrumba toda barrera, toda resistencia; cae toda ficción, y ese desconocido se convierte en alguien tan cercano como un viejo amigo. Por eso, los clásicos son esos libros que nunca te cansas de leer y releer, aquellos en los que sientes la necesidad de subrayar cada línea. Los recuerdas incluso años después, porque ya forman parte de ti. Cuando me siento nerviosa, cuando estoy harta del mundo, me acomodo en mi sillón con una taza de té y por fin me siento libre, por fin en casa. Sé que, en cuanto alargue el brazo, estaré en la campiña inglesa de Jane Austen o deslizándome en una troika junto a los Rostov. Es un placer que me pertenece, un refugio solo mío.

O quizá debería decir que solía serlo. Con el tiempo, me di cuenta de que necesitaba hacer de los clásicos una parte viva y activa de mi «círculo de amigos», así que decidí compartir este placer creando mi página de Facebook, Professor X. Quería tener un espacio donde hablar de los clásicos, de las bellezas que había descubierto en mis encuentros con ellos, de los secretos y tesoros que escondían sus páginas, de las lecciones que ofrecían sobre el difícil arte de vivir. Los clásicos me dieron alas para volar sobre las nubes, para escapar, como el joven Leopardi que soñaba con dejar su pueblo natal y conocer el mundo. Reavivaron en mí el asombro, me dieron nuevos ojos no solo para descubrir que *vivo,* sino también *por qué vivo.* Y entonces me pregunté: ¿por qué no invitar a otros a embarcarse en este viaje extraordinario?

A partir de aquí, dejaré que sean precisamente los libros los que os cuenten mis descubrimientos, mis viajes y mis aventuras junto a ellos.

Leopardi me reveló que dentro de mí hay algo llamado alma, y que no se conforma con el «aquí y ahora». *Crimen y castigo* me enseñó que algunas ideas nos habitan con tanta intensidad que nos transforman, y que crecemos y empezamos a vivir de verdad solo cuando nos atrevemos a dejar atrás las certezas de la infancia para entrar en el reino de los «quizás». De *La metamorfosis* de Kafka aprendí que los cambios más difíciles de aceptar no afectan al cuerpo, sino al alma; que luchar contra nosotros, rechazar lo que somos, es condenarnos a vivir una vida mutilada. Gracias a *Guerra y paz* comprendí que el viaje más importante de nuestras vidas no tiene que ver con un lugar físico. *Los Buddenbrook* me reveló que el mayor reto es enfrentarse a uno mismo y al peso de los propios sueños. *El Gatopardo* me enseñó que el adversario de la partida más importante de nuestra vida se llama tiempo. Manzoni me hizo entender que hasta los rostros y los lugares tienen alma, si aprendemos a observarlos. Jane Austen me descubrió los secretos del arte de amar, porque enamorarse y aprender a amar no son lo mismo. Y *1984*, de Orwell, me confirmó que las palabras son el mayor poder que tenemos, si sabemos usarlas.

Estas páginas no pretenden ser un manual exhaustivo sobre la gran literatura clásica. Tampoco es un ensayo crítico, no es esa mi aspiración. Más bien, quiero invitaros a sentir el mismo asombro que experimenté cuando leí por primera vez *Guerra y paz*, compartir cómo *Crimen y castigo* me enseñó a habitar y trascender el dolor, transmitiros el estremecimiento que me produjo Kafka y todo lo que mis años de convivencia con escritores y obras extraordinarias me han enseñado sobre el arte de leer, afinando la vista y el oído con la imaginación. Mi intención es haceros saborear el placer de sumergiros en páginas que son como bosques frondosos, llenos de aromas, sonidos, adjetivos y sustantivos donde perderse. Que al final de esta lectura tengáis nuevos ojos y nuevos oídos para disfrutar del «rumor sutil de la prosa».

Y si ya conocéis y amáis los clásicos, os propongo un viaje insólito. Dejaremos atrás el puerto seguro de las nociones escolares y desplegaremos las velas para navegar por las aguas de los quizás. Nuestra brújula se orientará con la vida privada de los grandes escritores, sus cartas, diarios y correspondencias secretas. Nuestro timón serán las preguntas y emociones que los clásicos despiertan en nosotros. Entre sugerencias, curiosidades y reflexiones, surcaremos como mares algunas de las obras literarias más profundas que la mente humana haya concebido, para redescubrir su belleza y la nuestra. ¿Cuál era el secreto de Tolstói? ¿Por qué las novelas de Jane Austen siguen seduciéndonos dos siglos después y no se han desvanecido en la nada? ¿Quién inspiró a Dostoievski para escribir *Crimen y castigo?* ¿Existe un hilo invisible que atraviesa las obras de Leopardi? ¿Era realmente un poeta del pesimismo o la escuela nos enseñó una versión incompleta del autor? ¿Cuáles son los símbolos ocultos en *La metamorfosis* de Kafka? ¿Cuál es la verdadera historia de *El Gatopardo?*

Estas serán nuestras latitudes y longitudes, las estrellas guía que nos orientarán. Vosotros, que leéis, y yo, que escribo, nos convertiremos en exploradores, atentos a cada detalle, a cada giro inesperado, siempre abiertos a nuevos hallazgos en cada vuelta de página.

El arte de maravillarse

Lev Tolstói

A menos de doscientos kilómetros de Moscú hay una finca. Su nombre, Yásnaia Poliana, 'claro luminoso', conserva la esencia de ese lugar especial. Si recordáis un poco la historia rusa, sabréis que, con la Revolución de Octubre y las dos guerras mundiales, muchas antiguas fincas nobiliarias fueron confiscadas o destruidas; Yásnaia Poliana, sin embargo, se salvó. Hace doscientos años se vería lo que se ve ahora: largas avenidas arboladas, jardines, huertos y miles de manzanos; al fondo, bosques de un verde brillante y campos de centeno verde grisáceo meciéndose al sol. Pero quién sabe si, cautivados por todo aquel verde, os habríais fijado en el hombre sudoroso de larga barba blanca y rostro quemado por el sol que trabajaba en los campos. Ese hombre era Lev Nikoláievich Tolstói.

Si en el siglo XIX os hubierais alojado en Yásnaia Poliana, no habría sido insólito que os cruzarais con el dueño de la casa vestido con una camisa de labrador y empuñando una guadaña. Hay una escena en Anna Karénina en la que Levin, uno de los personajes centrales, siega la hierba con los campesinos. Tolstói también lo hacía: no despreciaba el trabajo físico ni las labores humildes. Descendía de una antigua familia aristocrática, los Bolkonski, pero vivía en el anexo de una finca mucho más grande. Se negaba a tener servidumbre, así que él mismo cortaba la hierba y limpiaba su casa, como un hombre corriente, mientras la nobleza estaba absorta en sus bailes y sofisticadas recepciones.

Pero no penséis que Lev Nikoláievich era solo un aristócrata que se refugiaba en la tranquilidad rural para huir de las obligaciones de su estatus. Combatió en el Cáucaso y Sebastopol, visitó las capitales de media Europa, construyó hospitales y escuelas para los pobres, apostó en juegos de azar, frecuentó los salones más en boga de San Petersburgo y Moscú, se casó, tuvo varias amantes y trece hijos, escribió miles de páginas entre novelas, cuentos, opúsculos y panfletos, fundó una editorial e incluso una nueva religión basada en la fraternidad, la caridad cristiana y el vegetarianismo. Fue, por tanto, escritor, editor, marido, padre y profeta.

Cuando leo la biografía de Tolstói, siempre experimento una sensación de temor. Cualquiera la sentiría, y creo que nadie podría evitar preguntarse cómo lo hacía para tener toda esa vitalidad, de dónde sacaba esa sobreabundancia de energía.

Parece casi una paradoja que un hombre con una vida tan intensa y ajetreada dedicara páginas y páginas a relatar minuciosamente una cacería o una simple recepción. Cuando describía la naturaleza o la vida social de la aristocracia rusa, Tolstói nunca tenía prisa. «Lev siempre tuvo el don —escribió su prima Aleksandra— de sentirlo todo con una fuerza inquietante». Y, sin embargo, Tolstói fue uno de los mayores novelistas que han existido no porque *sintiera las cosas con una fuerza inquietante,* sino porque *las veía de ese modo.* Cuando afirmaba que carecía de imaginación, no exageraba.

Tenía una ventaja con respecto a nosotros. Vivía en un pequeño oasis, lejos del mundo. Todas las mañanas daba largos paseos por el bosque y recorría el famoso paseo de abedules que él llamaba *prospekt,* como las inmensas avenidas que surcan San Petersburgo, la más famosa de las cuales es la avenida Nevski; si os resulta familiar, es normal, porque también da título a un famoso cuento de Gógol y la encontraréis en muchos clásicos rusos. Y fue justo ahí, inmerso en el ritmo pausado de Yásnaia Poliana, donde Tolstói escribió *Guerra y paz* y *Anna Karénina*.

Seguramente ninguno de nosotros tendrá jamás su propia Yásnaia Poliana adonde huir, como hizo Tolstói cuando ya no podía soportar más el parloteo, el ruido y la vida mundana. Y, sin embargo, podríamos descubrir algo parecido en nuestro entorno. Yo me he fabricado mi propia Yásnaia Poliana. Se encuentra en un lugar especial en Roma: el Sentiero Pasolini. Un papa, Julio II, se enamoró hasta tal punto de este sitio que quiso construir allí un pueblo. Es un lugar que, sobre todo en otoño, es extraordinariamente tranquilo. Y, ante todo, silencioso. No me malinterpretéis; me gusta y adoro a la gente, me encanta la ciudad, pero a veces siento la necesidad de silencio, la única cura para el constante e incesante parloteo del mundo moderno. Así que voy allí y me siento bajo un árbol, escucho el fluir del agua, observo caer una hoja, el vuelo de los pájaros. Miro al cielo y me pregunto qué habrá más allá del horizonte. Voy allí para pensar. Para escribir. Para reencontrarme conmigo misma y aprender de nuevo a observar. Es algo que me ha enseñado Tolstói.

Empezar por el cielo

Con el paso de los años, me he dado cuenta de algo: a muchos lectores les da un poco de miedo la literatura rusa. Pueden pensar que es bella y profunda, pero temen que sea difícil, están convencidos de que para leer a un autor ruso hay que tener una sólida cultura a las espaldas. Volveremos sobre este tema, pero por ahora dejadme decir que, entre los muchos autores rusos, el que más miedo da de todos es Tolstói.

Creo que leer a Tolstói por primera vez es como entrar en una catedral gótica. De repente todo es grande, alto, inmenso; y al contemplar esas agujas, esas luminosas vidrieras que se elevan hasta el techo, uno se siente pequeño. El lector al que le embarga esa sensación al acercarse a Tolstói tiene toda la razón. ¿Habéis subido alguna vez a la terraza de un rascacielos? ¿O tomado un telesilla y os habéis encontrado, al final del trayecto, a tres mil metros de altura? Al mirar el mundo a vuestros pies, os habréis sentido diminutos, quizá insignificantes. Pero también habréis experimentado vértigo y euforia. En cierta ocasión, Vladimir Nabokov, otro autor ruso, dijo que «corremos el riesgo de perdernos lo mejor de la vida [...] si no aprendemos a elevarnos un poco más de donde solemos permanecer, a fin de coger los frutos más excelsos y maduros del arte, ofrecidos por el pensamiento humano».[1]

«Pero... ¿de qué va *Guerra y paz?*». Es una pregunta que me hacen a menudo y a la que nunca sé qué responder. Si os dijera que *Guerra y paz* es la historia de dos familias, los Rostov y los Bolkonski, sería solo una parte de la verdad. Y si os dijera que trata de la invasión napoleónica de Rusia, os estaría mintiendo igualmente. Por último, si os dijera que trata de innumerables personajes que persiguen el amor o la gloria, o la ambición o la tranquilidad y la felicidad doméstica, probablemente os quedaríais tan confusos como yo cuando me piden que cuente en pocas frases la trama de *Guerra y paz*.

Pensadlo: ¿seríais capaces de explicarle a otra persona lo que sentís cuando soñáis o cuando hacéis el amor? Hay experiencias en la vida que no se pueden contar ni resumir: hay que vivirlas. Leer *Guerra y paz* es una de ellas, porque la fuerza de esta novela no tiene mucho que ver con su trama, con el desarrollo narrativo, sino que se refiere a cierta atmósfera, a unos personajes tan vivos y realistas que al final llegas a considerarlos personas de carne y hueso; cuando terminas la lectura, es como si hubieras bailado con Andréi y Natasha, o charlado de libros con Pierre, o retado a duelo a Dólojov.

Un buen libro no es aquel en el que te identificas con un personaje o que te mantiene enganchado de la primera a la última página, sino aquel en el que el autor te hace sentir que los personajes sobre los que estás leyendo son personas que podrías haber conocido en la vida real, tal vez en el tren o mientras esperas el café en el bar.

Entre los muchos personajes de *Guerra y paz,* hay uno que me fascina en particular: el príncipe Andréi Bolkonski. Al principio del relato, os parecerá el clásico hombre de mundo: elegante, sofisticado, pero también terriblemente aburrido por las charlas y los rituales mundanos. En los salones, durante los desfiles militares, en las reuniones de la alta sociedad, observa con mirada apagada el mundo a su alrededor, como si estuviera cansado de mirar. Hay algo, sin embargo, que le hace vibrar, que enciende un brillo en sus ojos: el deseo de gloria. Sueña con la grandeza, con emular a Napoleón; por eso se alista en el ejército y deja a su mujer al cuidado de su padre.

Guerra y paz, como sugiere el título, gira en torno a batallas, dos en particular: la de Austerlitz, entre Rusia y el ejército francés, y la de Borodinó, un desastre estratégico de Napoleón. No es importante memorizar estos nombres, y tampoco hace falta conocer las causas de la política expansionista de Napoleón o los motivos del zar Alejandro I para apreciar la grandeza de esta novela. Cuando Tolstói describe la marcha de los regimientos, el piafar de los caballos, las cargas de los húsares, y luego las granadas, las balas de cañón y el estallido de los fusiles, tú estás allí, estremeciéndote con los soldados y los oficiales, preguntándote si esa sombra indistinta en la distancia, similar a un fuego en movimiento, traerá muerte o salvación. Tal vez sea porque Tolstói vivió la guerra en primera persona, pero ningún otro escritor ha logrado describir de manera tan realista lo que sucede de verdad en un campo de batalla. Te hace sentir lo que es marchar junto a otros millares de hombres hacia lo desconocido porque alguien importante, a quien nunca has visto y probablemente nunca verás, decidió que así debía ser.

En la batalla de Austerlitz, las cosas se ponen muy feas para los rusos. El príncipe Andréi también está allí. Su comandante, el general Kutúzov, está herido, y he aquí que, en un impulso heroico, Andréi agarra el asta de una bandera y se lanza contra el enemigo. Unos minutos después está en el suelo, gravemente herido, y en ese momento le ocurre algo:

> Sobre él no había más que el cielo, un cielo alto, no límpido, pero infinitamente alto, sobre el cual se deslizaban unas nubes grises. «Qué paz, qué calma, qué serenidad; todo es distinto de cómo era hace un momento, cuando yo corría —pensó el príncipe Andréi [...]—. ¿Cómo no me he fijado antes en esa profundidad del cielo? ¡Qué feliz me siento de haberlo sabido al fin!».[2]

En mi opinión, es una de las escenas más bellas de toda la literatura. «Vivo para la gloria»: así era el príncipe Andréi. No obstante, cuando está a punto de morir, no repasa los errores que ha cometido, las decisiones que ha tomado; no se le pasa la vida por delante como en una película: simplemente, mira el cielo sobre él. Y, de pronto, es como si un velo cayera de sus ojos, como si se preguntara: «¿Por qué nunca me he parado a mirar este cielo tan alto, tan brillante, tan maravillosamente bello?». Tan absorto en las intrigas de la corte y en los compromisos mundanos, nunca se había concedido el tiempo de observar ese cielo inmenso que siempre tenía delante. Solo al borde de la muerte su mirada se aclara y por fin empieza a «ver».

Algunos lectores reprochan a Tolstói ser prolijo; a ellos los invito a leer precisamente esa escena. Tolstói logró el milagro de encerrar en unas pocas líneas la experiencia más significativa de la vida de un hombre, el secreto del universo: ahí está el príncipe Andréi tendido de espaldas, las nubes que surcan el cielo, veloces e indiferentes, y ese cielo tan alto que lo domina todo. Para Tolstói, ese cielo representa a Dios y el infinito del que habla Leopardi: la pura belleza de la creación que está justo delante de los ojos del hombre, pero que tantas veces, demasiadas, nos cuesta ver.

¿Cuántas veces, a lo largo del día, nos permitimos el lujo de «mirar»? Vivir, para nosotros, es trabajar, responder a las llamadas, ocuparnos de la casa, de los hijos, del perro… Y luego revisar los mensajes, leer el periódico, ver la televisión. Y después comentar con el amigo, el hermano o el vecino aquello de lo que nos hemos enterado. Es como si durante toda la vida nuestros ojos estuvieran atrapados por una pantalla, hasta el punto de que, con el paso del tiempo, ya ni siquiera percibimos lo que hay más allá de dicha pantalla. Tal vez pase ante nuestros ojos un extraordinario cielo estrellado, como el que pintó Van Gogh, pero lo observamos distraídos, porque tenemos otras cosas en la cabeza.

Tolstói, en cambio, nos recuerda que podemos poner un límite al caos en el que vivimos, que también existe algo más. Esa capacidad de observación o poesía de la vida, o como queramos llamarla, nos saca de nuestra cotidianidad, no anestesiándonos, no ofreciéndonos una banal vía de escape, sino despertando en nosotros algo que, tal vez, ni siquiera nos habíamos dado cuenta de que se había adormecido.

Buscadores de maravilla

Muchas páginas después de la batalla de Austerlitz, volvemos a encontrarnos con el príncipe Andréi, que se ha salvado casi de milagro. Ha regresado a casa, a Lisie Gori; sus heridas se han curado, pero su alma conserva la huella de otras heridas mucho más profundas que la vida le ha infligido: su mujer murió al dar a luz, todas sus ilusiones se han derrumbado y ya no anhela la fama, la gloria, la grandeza. La iluminación que experimentó en Austerlitz no basta para levantarlo: demasiadas decepciones, demasiado sufrimiento se han derramado en su alma. Ahora el príncipe Andréi es un hombre amargado, y hace lo que todos los hombres hacen cuando se sienten aplastados por la vida: erige una barrera entre él y el resto del mundo.

Cada vez que vuelvo a leer la escena del príncipe Andréi herido en el campo de batalla, me embarga un sentimiento de exaltación; después releo estas páginas, y cuando le oigo afirmar que hay que «vivir para uno mismo y nada más, sin esperar nada de los demás», se me encoge el corazón, porque sé cuánta amargura, cuántos pesares y cuántas decepciones se esconden detrás de esa tranquila resignación. ¿Cuántas veces nos encerramos en nuestros castillos de naipes, convencidos de que nadie puede comprendernos? ¿Cuántas veces nos sentimos solos frente al mundo? Debido a mi trabajo recibo muchas cartas, y muchas personas me escriben que se sienten viejas y aburridas, que ya no logran entusiasmarse. En internet, la gente se siente más segura, más tranquila; se desnudan como no consiguen hacerlo en la vida real. Quizá sea porque cuando dos personas están en la misma habitación y se miran a los ojos, por pudor no logran decirse: «Estoy mal, sufro mucho».

Una vez, un joven de veinticinco años me contó que había intentado quitarse la vida. Cuando le pregunté por qué, me respondió: «No lo sé. Me parecía que nada tenía sentido, que no merecía la pena vivir». Me contó que en esos meses sintió como si tuviera los ojos velados. Todo lo que veía le inspiraba disgusto, repulsión.

Al borde del camino se alzaba el roble. [...] Era un roble gigantesco de dos brazas de circunferencia, de ramas rotas desde hacía mucho tiempo; el tronco, de corteza quebradiza en diversos puntos, cubierto de viejas y abultadas excrecencias. Con sus brazos enormes y retorcidos, dedos asimétricos y divergentes, parecía, entre los sonrientes abedules, un viejo monstruo ceñudo y desdeñoso.[3]

El príncipe Andréi ha envejecido en cuerpo y alma. En él se ha apagado todo ímpetu, todo deseo, todo fuego espiritual, y ahora, cuando mira este viejo roble, solo ve un ser de raíces ávidas que roba la vida y la luz a las demás plantas. En ese momento todo le parece horrible, monstruoso, carente de sentido.

—¡Sonia! ¡Sonia! —dijo de nuevo la primera voz—. ¿Cómo puedes dormir? ¡Contempla esta noche tan bella! ¡Despiértate, Sonia! —dijo casi llorando—. Te aseguro que jamás hubo una noche así, una noche tan maravillosa como esta.

Sonia respondió algo de mala gana.

—¡Oh, mira qué luna!... ¡Es una maravilla! Ven, ven aquí, querida, corazón mío... ¿La ves? [...].[4]

Esta vez, quien habla es la joven Natasha Rostova. El príncipe Andréi se aloja por una noche bajo el techo de los Rostov y, mientras está en su habitación, oye la voz de esta muchacha que proviene del piso de arriba. Natasha grita, ríe, está exultante, se asoma a la ventana para mirar la luna. «¿Por qué está tan contenta?», se pregunta el príncipe Andréi con una sensación de asombro incrédulo. Esa joven de ojos negros, «con vestido de satén amarillo», parece poseer un secreto que él, hombre de mundo, ignora.

Natasha es el personaje más fascinante de *Guerra y paz*. Nadie puede resistirse a ella: todos la quieren, todos están encantados por la gracia, la alegría y la satisfacción que se desprende de cada uno de sus gestos. Pero ¿de dónde brota su alegría? A ojos de Natasha, todo es bello porque es como si lo viera por primera vez; le basta con mirar la noche y admirar la luna para ser feliz. Al ser escritora, siempre hay alguien que me pregunta cómo invento historias, cómo hago reales y tangibles casas, personas, montañas o árboles. Algunos me dicen: «Debes de tener mucha imaginación». La imaginación es importante, pero en muchos casos no tiene nada que ver. Cuando tengo que describir un cielo, un árbol, un rostro, cierro los ojos; cuando los vuelvo a abrir, intento mirar esas cosas como si las viera por primera vez.

¿Cómo podemos vencer el aburrimiento de la vida cotidiana, mantener intacta en nosotros la capacidad de emocionarnos, recuperar la capacidad de sentir asombro y maravilla? Podemos lograrlo haciendo nuestra la mirada de Natasha Rostova, la mirada del «chiquillo» que observa con inocencia lo que tiene ante sí.

El encuentro con Natasha provoca un cambio extraordinario en el príncipe Andréi:

«Sí, aquí, en este bosque, se alzaba el roble con el cual estaba de acuerdo —pensó el príncipe Andréi—. Pero ¿dónde está?», se preguntó mirando a la izquierda del camino.

Y sin él mismo saberlo, sin reconocerlo, admiraba el árbol buscado. El viejo roble transformado por completo, desparramadas en cúpula sus ramas de un verde oscuro, se esponjaba gozoso a la luz del sol vespertino. Ya no se veían meciéndose levemente sus dedos deformes, ni sus excrecencias, ni la desconfianza y el dolor de antes. Hojas jóvenes, jugosas, de tierno verdor, sin nudos, se habían abierto paso a través de su dura corteza centenaria. Parecía imposible que de aquella ruina germinase esa nueva vida. «Sí, es el mismo roble», pensó el príncipe Andréi, y sin causa alguna se sintió inundado de un súbito sentimiento de alegría y renovación.[5]

Lo bueno de Tolstói es que nunca se limita a decirte que un personaje ha cambiado: te hace vivir sus metamorfosis internas mostrándote cómo se han transformado sus formas de mirar, de sentir, de oler incluso. Cuando el príncipe Andréi comprende que está enamorado de Natasha Rostova, sus percepciones cambian y de repente se da cuenta de lo distinto que es el roble que en el pasado le había inspirado tanto disgusto, o nota lo falsa y desagradable que suena la risa de Speranski, un prometedor funcionario al que antes admiraba. En *Anna Karénina,* cuando Anna encuentra a su marido esperándola en la estación de San Petersburgo, se fija en lo grandes y feas que son sus orejas; se sorprende de no haber reparado en ellas antes, de no haber prestado nunca atención a su «molesta convexidad». Anna lo ve todo bajo una luz diferente porque su amor por Vronski ha cambiado su modo de percibir el mundo. Si Tolstói se hubiera limitado a decir que a Anna le parecía «repulsivo» el aspecto de su marido, no habría suscitado en nosotros, los lectores, el mismo efecto; en cambio, experimentamos el extrañamiento de Anna y reparamos por primera vez en esas orejas grandes y desagradables, como si las viéramos también nosotros por primera vez.

En las novelas de Tolstói hay muchos detalles minúsculos que no todo el mundo nota, pero a la larga, si nos entrenamos para captarlos, nos llevan a exclamar: «¡Este libro es una obra maestra!».

....

Tomarse el tiempo necesario

Intentad ralentizar la velocidad de lectura y leer sin prisas. Concedeos el tiempo para saborear la musicalidad de una frase, la belleza de un adjetivo, el encanto de un sustantivo; paladead las palabras como haríais con un buen vino. A veces me toman por loca cuando digo que leer es un acto erótico y que una prosa bien elaborada puede procurar placer. Cada escritor tiene una forma única de construir las frases, de disponer las palabras, y eso os suscitará sensaciones diferentes. Por eso digo que cada libro tiene un «sabor» inconfundible.

Uno puede perderse, como presa de un hechizo, en la prosa voluptuosa de Nabokov, con sus enredos de piernas y sus misteriosos zapatos de punta. El estilo torrencial de

Dostoievski, hecho de frases que se agolpan unas sobre otras a un ritmo frenético y con diálogos desbordantes, os asaltará como un río en plena crecida. ¿Qué experimentaréis al leer a Dostoievski? Un subidón de adrenalina, de excitación, de exaltación intelectual. Muy diferentes son las sensaciones que os provocarán las frases límpidas y tenues de Chéjov, hechas de delicados golpes de efecto y chopinianos claros de luna. La pluma de Tolstói despertará en vosotros una sensación de majestuosidad, de calma, de grandeza. Kafka, con su léxico sobrio, preciso, casi quirúrgico, os transmitirá una sensación de extrañeza.

Desconfiad de quienes os digan que los clásicos son útiles, que os ayudarán a ser mejores personas. Lo harán, sí, porque, después de haberlos leído, tendréis nuevos ojos con los que mirar, tanto a vosotros mismos como al mundo que os rodea. Pero la razón más importante para leer los clásicos es que leerlos da placer.

....

Afinar la mirada

Uno de los mayores obstáculos de *Guerra y paz* es su extensión. Muchos de vosotros pensaréis: «Pero ¿de dónde voy a sacar el tiempo para leerlo?». Además, las descripciones de Tolstói, tan detalladas, tan complejas, parecen muy alejadas de nuestra sensibilidad. Vivimos en una época en la que el valor de un objeto, de una noticia, incluso de un entretenimiento, depende de la rapidez con la que logramos consumirlo. Estamos tan acostumbrados a tenerlo todo al momento que la escritura de Tolstói a veces nos confunde; esos párrafos que describen de manera tan minuciosa la expresión de un rostro o el aspecto de un bosquecillo nos dejan perplejos.

El fragmento que quiero haceros leer a continuación no es una de las páginas más bellas de *Guerra y paz,* ni uno de esos pasajes tan significativos que he leído, releído y subrayado con mil anotaciones en los márgenes, sino una página corriente, una de las tantas descripciones que a menudo algunos lectores se saltan, ansiosos por «ir al grano». En esta escena, Tolstói describe lo que ve Pierre, el segundo gran protagonista masculino de *Guerra y paz*, pocas horas antes de la batalla de Borodinó.

A lo alto y hacia la izquierda, cortando ese anfiteatro, serpenteaba el camino grande de Smolensk, que atravesaba una aldea de iglesia blanca situada a quinientos pasos delante del túmulo y debajo de él (era Borodinó). Más allá el camino pasaba por un puente [...]. Detrás de Valúievo, el camino desaparecía en un bosque que amarilleaba en el horizonte. En medio de ese bosque de abedules y abetos brillaba, a la derecha del camino, la lejana cruz y el campanario del monasterio de Kolotski. En toda aquella lejanía azul, a derecha e izquierda del bosque y del camino, se veía en diversos puntos el humo de las hogueras y las masas informes de tropas rusas y francesas. A la derecha, a lo largo del Kolocha y el Moskova, el terreno era montuoso y surcado de barrancos. Entre dos desfiladeros se veían las aldeas de Bezúbovo y Zajárino. A la izquierda, el terreno era más llano, con campos de mieses y la aldea de Semiónovskoie, aún humeante después de haber sido consumida por el fuego.[6]

¿Por qué usar todas esas palabras para describir un simple camino? Cuando me hacen esta pregunta, recuerdo el famoso juicio de Alfred Humblot, uno de los muchos editores que consideró impublicable la novela de Proust *En busca del tiempo perdido*: «Tal vez sea yo duro de mollera, pero para mí es inconcebible que alguien pueda emplear treinta páginas para describir cómo da vueltas en la cama antes de dormirse».[7]

Creo que para Proust vale la misma respuesta que usaré ahora para Tolstói. Si en este momento tuviéramos ante nosotros el sendero descrito por Tolstói, ¿qué registraría nuestro ojo? Probablemente veríamos un camino que atraviesa un pueblo, un puente, una iglesia. Tolstói, en cambio, nos invita a observar: «Si prestas más atención, verás a tu derecha un bosquecillo de abedules y un monasterio. ¿Ves la cruz? ¿Ves cómo brilla el campanario al sol? Y si aguzas la mirada, verás colinas, arroyos, algunos pueblos. Y más lejos aún hay campos de trigo, y ese puntito en la distancia, ese puntito minúsculo es un pueblo». Si Tolstói no hubiera utilizado todas estas palabras, nunca habríamos imaginado la cruz. Tampoco habríamos visto las tropas enemigas amontonadas a lo lejos, sino solo el camino frente a nuestros ojos.

A este respecto quiero contaros algo que me ocurrió y me hizo reflexionar. El pasado invierno estaba en Ortisei con un grupo de amigos; habíamos decidido escalar el Sassolungo. *Saslong* lo llaman, por la forma alargada de la montaña. En un momento dado, mientras atravesábamos un bosquecillo, una ardilla saltó frente a nosotros. Correteó sobre la nieve y luego trepó a un árbol. «¡Mirad! ¡Una ardilla!», le dijo un chico a su novia. «Graba un vídeo, así lo subo a Instagram», le respondió ella, sin levantar siquiera la vista del teléfono. La ardilla estaba justo ahí, delante de sus ojos, y le habría bastado levantar la vista para verla, pero… ¡nada!

En un viaje a Moscú tuve la oportunidad de ver *La ronda de los presos,* de Van Gogh. Recuerdo que la mayoría de los visitantes se detenían unos segundos frente al cuadro, tomaban una foto y pasaban de largo. También recuerdo que muchos observaban con tristeza el cuadro. «Qué escena tan deprimente», decían sus ojos. Si no habéis visto esta obra, tenéis que saber que la escena está ambientada en el patio de una prisión, en una «fosa de serpientes». Hay presos que caminan en círculos, en una marcha repetitiva que solo con mirarla transmite una sensación de opresión. En primer plano, sin embargo, un hombre de pelo claro parece que te mira fijamente a los ojos. A diferencia de los demás, este prisionero muestra un gesto de impaciencia, de rebeldía. Y si se presta mucha atención, se puede notar un detalle que a muchos se les escapa: dos pequeñas mariposas arriba, en la pared. Tienen las alas extendidas y parecen huir de la fealdad de la cárcel. Esas mariposas, para Van Gogh, representaban la libertad. Dos mariposas diminutas, casi invisibles, que cambian por completo el significado del cuadro. *La ronda de los prisioneros* no solo ilustra la marcha desconsolada de un grupo de presos que pasan su mísera hora al aire libre, sino que esconde un anhelo de esperanza. El único que puede ver las mariposas es el prisionero que no mantiene la cabeza gacha, sino que levanta la mirada. Esos turistas que echaron un vistazo fugaz al cuadro perdieron la oportunidad de captar la libertad y la esperanza que encierra.

Muchas personas viajan, van a restaurantes, visitan museos, miran cuadros, pero no viven el momento, no observan. Caminan, comen y hablan con los ojos pegados al teléfono. Revisan si tienen nuevos mensajes, ajenos a lo que sucede a su alrededor. Nos cuesta emocionarnos, sorprendernos, maravillarnos, porque hemos desaprendido a mirar.

Víktor Shklovski, escritor e intelectual de la época soviética, dice: «El ser humano está tan ocupado con la vida que se olvida de vivirla. Siempre dice: mañana, mañana. Y esa es la verdadera muerte. ¿Cuál es, en cambio, el gran éxito del arte? Es la vida. Una vida que se puede ver, sentir, vivir de manera palpable».[8] Ver, sobre todo. De los cinco sentidos, la vista es el más desarrollado en el hombre, el más importante. «Vemos» y, a partir de lo que vemos, formulamos pensamientos, juicios, interpretaciones.

Me parece que el secreto de la gran literatura es precisamente que te enseña a mirar. Agudiza la capacidad de observar. Te enseña a comprender y a hacerte preguntas. La literatura hace lo que la vida no puede: te da la oportunidad de mirar más allá de la superficie, más allá de la rutina diaria; te arrastra al corazón de las historias y, al mismo tiempo, te permite observarlas con desapego. Es como tener una cámara apuntando al ojo del huracán.

Se puede leer *Orgullo y prejuicio* pensando en quién se casará con quién; se puede leer *El conde de Montecristo* preguntándose si al final Edmond Dantès conseguirá vengarse, o *Crimen y castigo* dándole vueltas a si Raskólnikov se saldrá con la suya. Es decir, podéis acercaros a la literatura pensando siempre algo así como: «¿Y ahora qué va a pasar?». O podéis hacer de la literatura un momento casi «sagrado», un espejo para aprender a observar. «La literatura —dice James Wood— difiere de la vida en que la vida está llena de detalles acumulados y raramente nos encamina hacia ellos, mientras que la literatura nos enseña a observar. A observar que mi madre, digamos, suele humedecerse los labios antes de besarme; [...] el crujido de la nieve fresca bajo los pies; los bracitos de los bebés, tan gordos que parecen atados con cordones».[9]

Muchos retratos para un solo autor

En este momento tengo frente a mí una fotografía de Tolstói, tomada en mayo de 1908 en Yásnaia Poliana. Tolstói tiene setenta y nueve años; viste una larga camisa de campesino similar a una gran túnica y botas. En la cabeza lleva una gorra blanca. Su rostro está medio oculto por el sombrero y la barba, pero se alcanza a vislumbrar el destello agudo y concentrado de su gesto, que confiere a su figura una extraordinaria impresión de vitalidad.

A menudo me preguntan: «Pero ¿cómo era Tolstói de verdad?». Algunos lectores experimentan desorientación al leer obras tan diferentes entre sí como *Anna Karénina* y *La muerte de Iván Ilich*. Otros no logran explicarse el brusco cambio que vivió Tolstói en sus últimos años. En su vejez, el autor de *Guerra y paz* se hizo profundamente cristiano, renegó de su arte, se convirtió en una especie de predicador y dio origen a un verdadero movimiento espiritual: el *tolstoísmo*. Y qué diferente les parece a los lectores este hombre piadoso, ascético, que hablaba de «conversión y educación espiritual de las masas», en comparación con el escritor que han llegado a conocer gracias a *Guerra y paz*. A otros, fascinados por su extraordinaria fuerza expresiva, les gustaría reunir los diversos retratos que la historia nos ha legado para comprender cuál de tantos era el *verdadero* Tolstói.

Así pues, ¿quién era realmente Tolstói?

Es el sofisticado hombre de mundo de mente aguda y respuesta ágil que conversa en los salones; que se deleita con el brillo de los espejos y los mármoles y los hombros desnudos de una jovencita recién presentada en sociedad. En cuanto la conversación se vuelve seria, sus ojos se animan con un sincero entusiasmo, un temblor relampaguea en su mirada, atrapado por el puro placer intelectual de discutir, dialogar, argumentar. Tolstói sabía cómo fascinar a sus oyentes; poseía la capacidad de tejer una sinfonía de palabras tan seductora que lograba cautivar incluso a los espíritus más indiferentes.

Pero cuando, cansado de la cháchara mundana, se refugia en Yásnaia Poliana, se cubre con una pelliza de oveja y vuelve a ser cazador. Como un viejo dios de los bosques, se adentra con paso ágil y veloz en el húmedo verdor de la espesura; sin dudarlo, lanza su caballo al galope, a través de robles, arces y desfiladeros salvajes, persiguiendo liebres, faisanes y becadas, deleitándose con la pura energía física de la caza, con la visión del verde infinito del bosque, de los jugosos tallos de hierba que se mecen al sol; con la suavidad del azul del cielo y con esa exquisita libertad —que solo él conoce— de recorrer kilómetros y kilómetros sin encontrar un alma. Al atardecer, encuentra refugio en la isba de un *mujik*, oye el canto de los grillos; aquí y allá, arbustos dispersos destacan entre los sembradíos y los haces de trigo sarraceno;

una sensación de paz lo invade mientras contempla el cielo nocturno, semejante a un tapiz tejido de estrellas.

Y cuando termina la caza, se despoja de la pelliza de oveja y vuelve a ser el patriarca de la familia que vigila los campos y los huertos; que organiza la vida de la finca y dirige con mirada paciente la construcción de las escuelas de los campesinos, mientras se mantiene en contacto con «sabios de las más variadas ramas».[10] Nada lo estimula ni le fascina más que una conversación brillante, un intelecto agudo, una mente animada por preguntas insaciables y visiones artísticas.

Entre sus amigos más queridos se encuentran el compositor Serguéi Tanéiev, con el que le encanta jugar al ajedrez, y el impetuoso Maksim Gorki, un verdadero «hombre del pueblo», con quien comparte la conciencia de que la pobreza y el sufrimiento de la gente son terribles. Una amistad afectuosa lo une al escritor Antón Chéjov. Se conocieron en Crimea, donde Chéjov intentaba en vano curarse la tuberculosis que lo aquejaba desde los veinte años. Tolstói tomó bajo su protección a este joven ágil, delgado e invariablemente amable cuyos ojos tristes eran capaces de animarse de pronto con un destello de ironía tras los cristales de su *pince-nez,* le encantaba leer sus cuentos y apadrinarlo en los círculos literarios. Escritores, compositores, músicos, pintores y filósofos se unen a la comitiva de hijos, nietos y amigos que almuerzan en Yásnaia Poliana.

Tolstói es el generoso anfitrión, majestuoso con su amplia blusa ceñida a la cintura por una cuerda y con galochas en los pies, que da la bienvenida a los viajeros que llegan hasta las puertas de Yásnaia Poliana. Preside los almuerzos y las cenas, consciente de ser el núcleo de ese gran movimiento de intelectuales que no pueden evitar gravitar a su alrededor.

Por las noches se sumergía en los libros y volvía a ser un pensador solitario. Le encantaba leer en silencio a la luz de una vela. Leía con avidez, impulsado por preguntas insaciables. Comprendo bien la sed que lo animaba. Con el tiempo he descubierto que el placer intelectual puede ser más fuerte que cualquier placer carnal. Para mí, el mayor placer de la vida siempre ha sido la conciencia de tener frente a mí un vasto e inmenso campo del saber por explorar; millones de libros por leer; el dulce recogimiento de la lectura, unido a ese escalofrío especial que se siente cuando estás a punto de descubrir algo completamente nuevo e inesperado, una perspectiva única que ilumina una cuestión determinada… Y entonces sientes un temblor exquisito de verdad, una exaltación plena.

Tolstói quiere «obligar constantemente a su inteligencia a operar con toda la fuerza de la que es capaz».[11] Ya a los veinte años se preguntaba: «¿Cuál será el objetivo de mi vida en el campo en los próximos dos años?».[12] Con la inflexible severidad y el espíritu organizativo de un alemán, Tolstói organiza sus días: «Estudiar idiomas: francés, ruso, alemán, inglés, italiano y latín. Estudiar economía rural práctica y teórica. Estudiar historia, geografía y estadística. Alcanzar un grado medio de perfección en música y en pintura. Adquirir algunos conocimientos en ciencias naturales»,[13] anota en sus diarios.

Proyecta para sí mismo un amplio programa de lecturas para progresar en todos los campos del saber. Pero estos rigurosos planes a menudo quedan incumplidos. Tolstói se siente feliz cuando contempla la naturaleza: «La belleza me cegaba y me invadía de repente con una fuerza inesperada, […] y me alegraba vivir».[14]

Disfruta plenamente de la felicidad cuando vive de forma artística, poética; cuando, como la pequeña y encantadora Natasha Rostova, se deja llevar por lo que ve y lo que siente, porque siempre es como si lo viera por primera vez. El mundo del arte, de la poesía, son su salvación.

Aquí no hay nadie, ni el comisario ni el administrador me molestan: estoy solo, el viento aúlla […]. Toco Beethoven y derramo lágrimas de emoción; o leo la *Ilíada* o yo mismo invento hombres y mujeres y vivo con ellos.[15]

Sin embargo, al igual que Pierre de *Guerra y paz,* su *alter ego* literario, Tolstói no se contenta con ser un gran artista, sino que persigue un continuo perfeccionamiento espiritual. En sus diarios confiesa sus angustias, se reprocha ser perezoso, vicioso: «No he leído casi nada y no he escrito durante todos estos días. La espera de un cambio de vida me inquieta».[16] Los problemas morales atraviesan las obras de Tolstói de principio a fin. Sus personajes se preguntan continuamente qué es el bien y qué es el mal, porque Tolstói se hacía esas preguntas sin cesar.

A veces, no obstante, esta sobreabundancia de ideas, esta intensa vitalidad del espíritu, se volvían contra él.

Primero empecé a experimentar momentos de perplejidad; mi vida se detenía, como si no supiera cómo vivir ni qué hacer, y me sentí perdido y caí en la desesperación. En esas ocasiones, cuando la vida se detenía, siempre surgían las mismas preguntas: ¿por qué? ¿Qué pasará después?[17]

A altas horas de la noche deambula sombríamente por sus habitaciones con paso pesado y una expresión salvaje en los ojos; echa un vistazo al comedor, al gran reloj de péndulo al pie de la escalera; el ruido de los pasos de un sirviente lo sobresalta, la tenue luz de una vela le transmite una sensación de angustia inexplicable.

En el silencio de la noche reexamina su vida, la relación con su mujer y sus hijos, su éxito en los círculos literarios.

Pensando en la gloria que me proporcionarían mis obras, me decía: «Muy bien, serás más famoso que Gógol, Pushkin, Shakespeare, Molière y todos los escritores del mundo, y después ¿qué?».[18]

Intenta apartar de la mente estas crueles pero continuas impresiones, porque le laten las sienes; «las preguntas me apremiaban, tenía que responderlas de inmediato y, si no las respondía, ni siquiera podría ya vivir».[19]

En estos momentos es el místico, el visionario en busca de un sentido profundo, seducido por el concepto de propósito; es el hombre en busca de Dios que quiere creer desesperadamente en algo. El creyente incipiente, el pensador lleno de dudas y el reformador espiritual luchan en su alma, y es a este periodo al que pertenecen sus obras más oscuras y atormentadas, como *La muerte de Iván Ilich*, *El padre Sergio* y *Confesión*. Los lectores, pues, no podemos evitar preguntarnos cuál de entre tantos Tolstói es el auténtico. La respuesta a esta pregunta es tan simple como compleja: era todos y ninguno.

El sofisticado hombre de mundo, el generoso anfitrión de voz persuasiva y amable, el pensador solitario dominado por una insaciable curiosidad, el artista visionario y el reformador espiritual se funden en la imagen de este anciano de ondulante cabellera blanca, que luce una virilidad ascética, sin un ápice de grasa en el cuerpo, como si cualquier blandura se hubiera consumido para alimentar esa pasión ardiente que había puesto en cada cosa. Así pues, Tolstói es el hombre que lo ha experimentado todo, que lo ha vivido todo, que no ha dejado de investigar y saborear cada aspecto de la vida material, moral, emotiva y espiritual que se le ha concedido al hombre.

El valor de exponerse

Fiódor Dostoievski

Estamos en San Petersburgo. Es el 22 de diciembre de 1849. El sol acaba de salir, los carruajes circulan sobre la nieve, largas nubes de humo se elevan de las chimeneas. Frente a nosotros hay una plaza cubierta de nieve. Hay silencio en el aire y todos tienen un aspecto severo, como si algo muy importante estuviera a punto de suceder.

Nos encontramos en la plaza Semiónovskaia. Observando mejor, vemos a un grupo de hombres pálidos, delgados, custodiados por militares. Algunos miran al cielo con los ojos muy abiertos, como si llevaran meses sin ver el sol; otros miran a su alrededor, asustados. Están temblando. Es obvio: la temperatura es de veinte grados bajo cero y no llevan ni sombrero ni abrigo. Esos hombres están condenados a muerte, acusados de conspiración y actividades subversivas. Sus nombres son Petrashevski, Speshniov, Pleschéiev, Chanikov, Kashkin, Europeus. Pero hay un joven que pasa casi desapercibido entre los demás: se llama Fiódor Mijáilovich Dostoievski. En cierto momento se da la orden de bajar las capuchas sobre la cabeza de los prisioneros, y algunos son conducidos hacia el patíbulo.

Lo recordaba todo con una claridad extraordinaria, y decía que jamás olvidaría nada de aquellos momentos. [...] Así pues, le quedaban cinco minutos de vida, a lo sumo. Decía que esos cinco minutos fueron para él un plazo interminable, una riqueza colosal [...]. Había una iglesia no muy lejos de allí, y la parte superior del templo, con su techo dorado, brillaba bajo el vivo sol. Se acordaba de que había mirado con una obstinación terrible aquel techo y los rayos que se reflejaban en él; [...] pero decía que lo más duro para él en aquellos momentos había sido una idea recurrente: «¡Ay, si no muriese! ¡Si me devolvieran la vida! ¡Qué eternidad! Y ¡toda para mí! En ese caso, ¡convertiría cada minuto en un siglo entero, sin perder uno solo, apuraría cada instante, y no malgastaría nada!».[1]

Este es uno de los pasajes más bellos de *El idiota:* es el príncipe Mishkin quien habla, pero en realidad es Dostoievski quien nos cuenta a los lectores lo que sintió y experimentó aquella mañana de diciembre. Dostoievski se salvó de la pena capital: fue indultado por orden del zar Nicolás I, que había decidido castigar a ese molesto grupo de intelectuales y librepensadores, a quienes les comunicó la conmutación de la pena solo un instante antes de la ejecución. Si se preguntan qué hizo tan grave Dostoievski para ser condenado a muerte, pues bien, su delito fue leer la carta escrita por el filósofo Belinski en respuesta a Gógol, otro famoso escritor ruso. En pocas palabras, este Belinski quería libertad, democracia y el fin de la esclavitud, y reprochaba a Gógol que no luchara a favor de estos ideales.

En aquella época, Dostoievski tenía veintiocho años y frecuentaba la casa de un tal Petrashevski, donde se reunían para hablar de cómo debería ser una sociedad ideal. La libertad de palabra y de expresión, por supuesto, no estaban contempladas en la Rusia zarista, así que Nicolás I decidió que se vigilaran las actividades del grupo. Un buen día, el 23 de abril de 1849, la policía irrumpió en casa de Dostoievski. Lo despertó el ruido de un sable y la voz «dulce y agradable» de un desconocido que le ordenó levantarse y vestirse.

Rebuscaron entre sus papeles, sus libros, empaquetaron sus escritos y lo encerraron en la fortaleza de Pedro y Pablo.

Un retrato de Dostoievski

Si tuvierais delante el retrato que el pintor Perov hizo de Dostoievski, veríais a un hombre de barba larga, labios finos, mejillas hundidas. Tenía un rostro severo, el tipo de rostro que uno imagina que podría pertenecer a un santo o a un profeta. Pero lo que más impresiona es su frente, esa frente larga, desproporcionada con respecto al resto de la cara. Cada vez que observo su frente, no puedo evitar imaginármelo junto al lecho de muerte de su primera esposa, María Dmítrievna. Me lo imagino contemplando su rostro, delgado como un esqueleto, como si quisiera grabar en su mente cada detalle de su sufrimiento. En todas las novelas de Dostoievski siempre hay un personaje enfermo de tuberculosis, y cuando el autor describe la forma en que arden dos manchas rojas en las mejillas de estos pacientes, en ese momento no podemos evitar pensar en María Dmítrievna.

O me lo imagino en la fortaleza de Pedro y Pablo, escribiendo una carta a su hermano y diciéndole con estas palabras que ha sido condenado a trabajos forzados:

> Hermano, no estoy abatido, no me he desanimado. La vida es vida en todas partes; la vida está dentro de nosotros mismos, y no en lo que nos rodea fuera. A mi alrededor siempre habrá hombres, y ser un hombre entre los hombres y seguir siéndolo siempre, en cualquier desgracia, no abatirse y no desanimarse, en eso consiste la vida, y en eso consiste su tarea.[2]

Sin embargo, casi siempre me lo imagino caminando de un lado a otro en una habitación tenuemente iluminada; de pronto frunce el ceño y siente que las fuerzas lo abandonan, y entonces se deja caer con desesperación sobre un viejo sofá inglés; pero luego se levanta y empieza a escribir, y su pluma vuela rapidísima. Como un buzo del espíritu, Dostoievski desciende cada vez más hondo en su inconsciente y extrae de él pensamientos, imágenes, sensaciones, que luego vierte sobre el papel, donde entona un canto lleno de furia, tragedia, nobleza y ternura.

Dostoievski daba lo mejor de sí mismo en los momentos de desesperación. Cuando estaba oprimido por los acreedores, cuando cuidaba a su esposa moribunda o cuando se veía obligado a escribir una novela en tres meses a causa de un contrato draconiano que le arrebataría los derechos de todas sus obras si lo incumplía, esa desesperación era la llama que alimentaba su creatividad. La escritora Jristina Danílovna Alchévskaia dijo una vez: «Mirando su rostro sufriente, sus pequeños y bajos ojos hundidos, sus arrugas profundas, cada una de las cuales parecía tener su propia biografía, se podía decir con certeza que era una persona que había pensado mucho, sufrido mucho, soportado mucho».[3]

Cuándo leer a Dostoievski

«Tenemos que leer a Dostoievski cuando nos sentimos afligidos, cuando hemos sufrido hasta el límite de nuestra capacidad de sufrimiento y cuando sentimos la vida como una sola herida ardiente abrasadora, cuando respiramos desesperación y hemos padecido muertes de desesperanza. Entonces —escribe Hermann Hesse— estamos abiertos a la música de este poeta terrible y espléndido».[4]

Al leer una novela de Dostoievski, bastan unas pocas páginas para intuir que lo que se va a leer será una historia de terribles e imperdonables sufrimientos. Dostoievski escribe sobre las angustias, los derrumbes irracionales, las locuras momentáneas del hombre. En sus novelas encontraréis estudiantes febriles que sueñan con ser Napoleón, ascetas descalzos, soñadores, revolucionarios, bufones, ateos que hablan de Dios y sueñan con el diablo, santos que blasfeman y criminales a los que les gustaría convertirse en santos. Un escritor italiano, Paolo Nori, dice que le gusta leer a Dostoievski porque le hace sangrar. Algunos se preguntarán: «¿Qué tiene de bueno sangrar?».

Lo que voy a decir no es agradable, pero habrá momentos en tu vida en los que estarás en el suelo, tal vez porque un colega ha obtenido «tu» ascenso o tal vez porque acabas de perder a un ser querido y te preguntas: «¿Por qué ha pasado? ¿Por qué precisamente a él?». O tal vez has amado a alguien y ese amor se ha acabado; o un amigo te ha traicionado. En esos momentos en los que la herida aún está abierta y todo en ti arde, grita, duele, no tendrás ningunas ganas de que te digan: «Tienes que ser optimista; piensa en positivo, no te rindas». Y no porque debas rendirte, sino porque, cuando te topas con estas decepciones, con estos dolores, es normal estar triste, sentirse abatido. Hoy, sin embargo, casi parece que la felicidad se ha convertido en un deber. La tristeza, el luto, la melancolía o la angustia ya no son emociones socialmente aceptables. El mercado vende ahora de todo, desde suplementos hasta manuales para estar siempre alegre, enérgico, despreocupado.

En cambio, con veinte años, recuerdo que *tenía ganas* de sangrar. No tenía muchos amigos: era una chica tímida, y los libros, al principio, fueron para mí una forma de vencer la soledad. En los momentos oscuros, no hacía más que leer: Baudelaire y Dumas, Tolstói y Steinbeck. Lloré con Sonia cuando Raskólnikov, en un leve susurro, le confesó que era un asesino. Luché junto a Edmond Dantès y sentí como si fuera mío el asombro que experimenta el príncipe Andréi cuando, herido y desplomado en el suelo, mira el cielo salpicado de nubes y se pregunta: «¿Por qué nunca había mirado este cielo infinitamente alto e inmenso?».

Leía para encontrarme a mí misma, para sentir que otros habían sufrido, sentido y amado igual que yo. Y nada era más hermoso que cuando tenía la impresión de que un libro me hablaba a mí, solo a mí, porque respondía a esas preguntas que me atormentaban el cerebro. A los veinte años, mi mundo estaba hecho añicos, todo parecía desintegrado, inconexo, desgarrado. De esa época tengo pocos recuerdos: las hogueras en la playa, la lectura de Shakespeare con mi profesor de literatura, mi primer amor. Tenía una neuropatía, y al principio nadie comprendía qué me pasaba ni por qué me encontraba tan mal. Antes de que me la diagnosticaran y me curaran transcurrieron varios años. En aquella época, sin embargo, no entendía qué me pasaba, me parecía que la vida me había gastado una broma terrible. Ni siquiera los libros que hasta entonces me habían gustado podían ya ayudarme. Buscaba algo, pero no palabras de consuelo: no buscaba al escritor que hablara de la belleza o de la alegría o de la nobleza del hombre, sino a alguien que verbalizara mi dolor, que me diera las palabras para expresarlo.

Fue entonces cuando descubrí a Dostoievski. Cuando leí por primera vez *Crimen y castigo,* me quedé sin aliento. Está ese joven que «siente y piensa con demasiada intensidad» y se pregunta: «¿Por qué hay tanta injusticia en la tierra? ¿De dónde viene el sufrimiento?», y como nadie le responde, es a sí mismo a quien dirige estas preguntas:

> En lugar de estudiar, vendí mis libros; encima de la mesa, en mis apuntes y en mis papeles, hay todavía un dedo de polvo. Prefería estar tumbado, pensando… Y no paraba de pensar.[5]

Recuerdo el asombro que se apoderó de mí: aquel autor, con un nombre tan difícil de pronunciar, había conseguido expresar todo lo que yo no era capaz de formular de manera sensata. ¡Era como si me conociera mejor de lo que yo me conocía a mí misma! También yo, al igual que él, había empezado a dar voz a mis pensamientos. También yo, al igual que él, sentía dentro de mí esas terribles preguntas que me agitaban la mente. Por eso me gustaban tanto sus libros.

En cambio, *Apuntes del subsuelo* lo descubrí a los veinticinco años. El protagonista es un hombre que se presenta así: «Soy un enfermo. Soy un malvado. Soy un hombre desagradable».[6] Luego, en las páginas siguientes, pasa a enumerar todos los pensamientos mezquinos que ha tenido. El hombre del subsuelo siempre me hace pensar en un episodio de mi vida del que no estoy especialmente orgullosa, pero que quiero contaros.

Era marzo de 2016. Acababa de empezar a escribir para un periódico, pero tuve que coger la baja porque contraje una pulpitis. Se trata de una inflamación de la pulpa dental, pero no es como un dolor de dientes común: es algo más insidioso, porque no es fácil de reconocer y es mucho más. El dolor irradia desde el diente hasta la mandíbula y llega al cuello y al hombro. En esos momentos casi te dan ganas de darte cabezazos contra la pared para que cese el dolor. Estaba en la cama esperando, porque mi médico solo me había recetado unos suaves antiinflamatorios para un «dolor de dientes» común. Recuerdo que en aquellos días odiaba a todo el mundo. Odiaba al médico, al que consideraba un idiota porque no había entendido nada. Sobre todo, me resultaban odiosas las voces de mis familiares. Todos eran muy buenos conmigo, pero en aquel momento no soportaba su amabilidad. Cuando recuerdo los pensamientos que tuve en aquellos días, me avergüenzo.

No sé si habéis leído alguna vez *La metamorfosis* de Kafka (volveremos sobre esta novela más adelante). Un hombre, de la noche a la mañana, se halla transformado en un insecto gigante. Su familia, por supuesto, está conmocionada. Hay una escena en que la hermana del protagonista entra en su habitación, ve en qué se ha convertido y huye, presa del horror. Pero no es esta la escena que más me impresionó, sino la siguiente:

Un día arrastró sobre su espalda la sábana hasta el sofá —tarea que le exigió cuatro horas— y la dispuso de manera que lo cubriese por completo y la hermana no pudiera verlo, aunque se agachase.[7]

Me basta con volver a leer estas palabras para identificarme con Gregor. Porque creo que todos tenemos una parte de nosotros de la que nos avergonzamos, que consideramos repugnante, monstruosa, y la cubrimos con una sábana porque no queremos que los demás la vean. En cambio, Dostoievski es el que aparta la sábana, dejando al descubierto esos pensamientos que todos tenemos, pero que no nos gusta confesar. Sus personajes tienen pensamientos mezquinos y dicen cosas inconvenientes; sin embargo, mientras los lees, dejas de sentirte extraño o anormal por haber pensado ciertas cosas. Y eso te ayuda a recomponer las piezas.

Crimen y castigo

A Dostoievski se le ocurrió la idea para *Crimen y castigo* en Wiesbaden, una especie de Montecarlo de la época. Imaginaos salas llenas de humo, sucias, «mortalmente feas», donde jugadores con rostros febriles y extasiados se apiñan en las mesas; los dados ruedan a una velocidad vertiginosa y, en cuestión de segundos, marcos, táleros, florines y luises de oro pasan de mano en mano, y se ganan y pierden sumas enormes.

Mientras la agitada voz del crupier se impone al bullicio de la multitud, Dostoievski sigue con mirada intranquila la bola de la ruleta; va despeinado, está ojeroso como después de una noche de insomnio; una contracción nerviosa hace que le tiemble la mano, pero no consigue apartarse del todo de la mesa de juego. Ansiedad, esperanza y una triste y salvaje inquietud hacen que le brillen los ojos. Si tan solo hubiera tenido la suerte de... «Rojo, rojo, rojo», murmura en voz baja, como una oración. La ruleta gira, gira, gira, y, al final, la bola cae en el negro.

Era 1865 y Dostoievski había perdido todo lo que tenía. El dueño del hotel ya no le servía comidas, se negaba incluso a darle una vela para escribir por la noche. Los demás huéspedes lo evitaban, nadie le fiaba más. Seguía bebiendo té negro para calmar el hambre. Fue entonces cuando ideó el personaje de Raskólnikov.

El tema central de *Crimen y castigo* es aparentemente sencillo: un estudiante, acosado por la miseria, decide matar a una vieja usurera para robarle el dinero. Parecería un espeluznante caso de sucesos, pero el autor escribe la historia desde el punto de vista del asesino. Ni siquiera es una novela policíaca, porque desde el principio se sabe quién es el asesino: se conoce el móvil, la ejecución del crimen. Lo único que queda por averiguar es si la policía conseguirá atraparlo. Pero, entonces, ¿por qué se considera esta novela una obra maestra de la literatura universal?

Pensad en esto: sois jóvenes y, como todos los jóvenes, estáis llenos de pasión, sueños, esperanzas; tenéis ganas de acercaros a la copa de la vida. Pero vivís en uno de los barrios más marginales de la ciudad y no podéis seguir estudiando; vuestra madre es anciana, vuestra hermana trabaja como criada, humillada por una pequeña nobleza corrupta y mezquina. Veis todo esto y empezáis a pensar:

No, la vida se me ha dado una vez, y nunca más se me dará: no quiero esperar a la «felicidad general». Quiero vivir mi propia vida y, si no, prefiero no vivir. ¿Y qué? Sencillamente, no quería pasar al lado de mi madre hambrienta, sujetando mi rublo en el bolsillo, esperando la «felicidad común».[8]

Raskólnikov huye de las diversiones, evita la compañía de los demás, se siente excluido y burlado por la vida. Por eso se encierra en sí mismo. No quiere transigir, se empeña en sufrir porque no se resigna a los límites que la vida le ha impuesto. Es joven y está ansioso por ponerse a prueba; ve el límite y quiere cruzarlo, lo mueve el deseo de ir más allá de las fronteras del mundo conocido. Todo este ardor que le quema por dentro acaba por empujarlo hacia el terrible crimen.

Dostoievski construye *thrillers* psicológicos. ¿Por qué he matado, se pregunta Raskólnikov? ¿Por dinero? ¿Para ayudar a mi madre y a mi hermana? ¿O por otro motivo? Esta es la pregunta que mueve la trama de *Crimen y castigo*. Es como si, a través de las dudas y preguntas de Raskólnikov, Dostoievski os preguntara si estáis realmente convencidos de conoceros a vosotros mismos y de saber por qué actuáis de determinada manera. Tal vez os caiga antipática cierta persona porque os ha causado una mala impresión desde el principio. Sin embargo, si vais un poco más allá, quizá descubráis que la voz de esta persona os recuerda a la de un profesor o un compañero que os atormentó en el pasado. ¡Por eso os caía tan mal! Y quizá haya otra razón más: esa persona expresó una idea que os llevó a detestarla, pero esa idea, en su día, también fue vuestra, aunque luego os avergonzasteis de ella y la reprimisteis.

¿Héroes o antihéroes?

En el primer capítulo, vemos a Raskólnikov reunirse en una taberna de mala muerte con un pobre hombre llamado Marmeládov que acaba de perder su trabajo. Es un borracho, se ha bebido literalmente su sueldo y no tiene el valor de volver con su esposa enferma y su hija Sonia, que se prostituye para mantener a la familia. El personaje de la prostituta de buen corazón es un cliché de la literatura del siglo xix, y Sonia pertenece a esa serie de desafortunadas heroínas que se sacrifican por las personas a quienes aman.

Después de escuchar su historia, Raskólnikov le da a Marmeládov los pocos rublos que le quedan. En ese momento, nosotros, los lectores, no podemos evitar preguntarnos si Raskólnikov es bueno o malo. Nunca podremos determinarlo: los héroes de Dostoievski, salvo algunas excepciones, nunca son inocentes del todo, pero tampoco malvados por completo. El malvado no conoce el remordimiento, no duda y, sobre todo, no cree estar actuando mal.

Raskólnikov se esfuerza en varias ocasiones por ayudar a la familia de Marmeládov y, en particular, a Sonia. Entre Sonia y Raskólnikov se establece una extraña relación de confianza y amistad que solo al final de la novela se convierte en un verdadero amor. En la escena que voy a mostraros, Raskólnikov acude a Sonia con un único propósito: confesarle su crimen.

Lo vemos tropezar con las palabras: procede a tientas, se tambalea, se atasca, trata de eludir la mirada de Sonia; inclina la cabeza y se cubre la cara con las manos. «¿Tengo que decírselo a la fuerza?», no deja de preguntarse. Raskólnikov es un asesino, pero también es un chico, y en ese momento percibimos toda su vulnerabilidad. Y cuando Sonia le pregunta si ha matado porque tenía hambre, ofreciéndole una escapatoria, Raskólnikov no puede ocultarle la verdad.

Acabo de decirte que tuve que dejar la universidad, porque no podía mantenerme. Pero ¿sabes que a lo mejor sí habría podido? Mi madre me habría mandado el dinero para pagarme los estudios y, para la ropa, el calzado y la comida, yo habría podido ganar lo necesario, ¡seguro que sí! Podría haber dado clases; me las habían ofrecido por medio rublo. ¡Es lo que hace Razumijin! Pero yo estaba colérico y no quise. Eso es, colérico (¡no está mal la palabra!). Entonces me encerré en mi rincón como una araña. Tú ya has estado en mi tabuco, lo has visto… Y seguro que sabes, Sonia, que los techos bajos y las habitaciones angostas oprimen el alma y el pensamiento. ¡Oh, cómo detestaba aquel cuchitril! Y, sin embargo, no quería salir de allí. Lo hacía a propósito. Pasaba días enteros sin salir; no quería trabajar, tampoco quería comer, siempre estaba acostado. Que Nastasia me traía algo, comía; que no me traía nada, no probaba bocado en todo el día; yo me negaba a pedir la comida, lo hacía aposta, de pura rabia. […] Prefería estar tumbado, pensando… Y no paraba de pensar…[9]

«Y sobre todo —añade poco después— no era el dinero, Sonia, lo que necesitaba cuando maté», y los lectores contenemos la respiración junto con Sonia. «Tenía que saber otra cosa, fue otra cosa la que me empujó; necesitaba averiguar, y cuanto antes, si yo era un piojo, como todo el mundo, o si era un hombre; si era capaz de superar todos los obstáculos; si iba a inclinarme o no iba a inclinarme a coger el poder».[10]

Todos los grandes hombres, como Napoleón, reflexiona Raskólnikov, han conquistado, matado y saqueado ciudades enteras para sus fines; «el fin justifica los medios», dicen, así que ¿por qué no seguir su ejemplo? ¿Por qué no matar a una vieja usurera que no sirve a nadie y prospera haciendo daño al prójimo?

Raskólnikov encarna el heroísmo de la primera juventud: se lanza de cabeza para materializar sus planes con todo el ímpetu y el idealismo de un joven; como cualquier persona de su edad, está convencido de tener todas las respuestas, de poder revolucionar el mundo; sin embargo, más tarde el suelo se derrumba bajo sus pies.

La vida le da una sonora bofetada y le hace comprender lo frágiles que eran sus certezas. Ha resultado herido en su orgullo de la manera más brutal posible. Y así va a ver a Sonia con un único propósito: afrontar de lleno su fracaso.

«Me he equivocado, he cometido un error, he fracasado»: no hay nada más doloroso de admitir, porque si las cosas salen mal por una interferencia externa, por una enfermedad, por un accidente o por simple mala fortuna, siempre puedes culpar y odiar salvajemente a estas fuerzas que los antiguos llamaban hado. Pero Raskólnikov no puede maldecir a los dioses, porque él mismo ha sido el artífice de su propio destino.

En casa de Sonia lo vemos luchar con las palabras, oímos su voz cada vez más débil, insegura. Lo vemos asustado. Ahora que todas sus ilusiones se han derrumbado, siente toda la espantosa incertidumbre de la vida, la aterradora incertidumbre de lo desconocido.

Siempre he tratado de imaginarme a Raskólnikov, pero durante muchos años no pude ponerle cara. Un día estaba en Florencia y vi el David de Miguel Ángel. La expresión de ese rostro era tan intensa que me dio escalofríos y me hizo pensar en Raskólnikov. Miguel Ángel quiso retratar al joven David en el acto de observar al gigante Goliat un instante antes de enfrentarse a él. Vemos toda su tensión: las venas marcadas, los músculos tirantes, la mirada concentrada. Pero también hay vulnerabilidad en su rostro adolescente. Miguel Ángel no retrató a un David victorioso, como el de Donatello. Su David es aterradoramente humano y, al mismo tiempo, heroico; sabe que es solo un hombre, pero no retrocede, no se echa atrás. Y lo mismo le ocurre a Raskólnikov: el monstruo al que debe enfrentarse es el fracaso, lo desconocido.

A lo largo de toda la novela, Raskólnikov no deja de preguntarse: ¿de verdad me he equivocado? ¿Tengo que confesar por fuerza? Es como el niño que creía desesperadamente en algo o amaba con locura convencido de que ese primer y gran amor duraría para siempre. Raskólnikov no está dispuesto a renunciar a su sueño sin luchar. Por eso lo vemos correr de un lado a otro de la ciudad: va a ver a Sonia y luego huye de ella; va a ver a su familia, abraza a su madre y a su hermana y luego también huye de ellas; salva a una chica, se ocupa de la familia de Marmeládov, impide el matrimonio de su hermana con un individuo turbio, juega con la policía, siembra sospechas sobre sí mismo y luego hace todo lo posible para parecer inocente a los ojos del inspector Porfiri.

La lucha interior de Raskólnikov nos recuerda a la del joven que todos hemos sido, ese joven que amaba sin medida, que quería creer desesperadamente en algo y estaba convencido de que era posible triunfar. Por eso, la mayoría de los lectores de *Crimen y castigo* están del lado de Raskólnikov y hasta el final esperan que no se entregue.

El castigo al que alude el título no es la pena que le inflige la sociedad, sino el tormentoso calvario que lo obliga a luchar consigo mismo, a enfrentarse a su propio error. Hay que esperar al final de la novela, más bien al epílogo, para que Raskólnikov admita por fin su error. En ese instante, cruza el umbral que separa la adolescencia de la edad adulta, se despoja de todas sus certezas. Su antiguo yo muere, y de las cenizas del muchacho convencido de haber encontrado la teoría, la fórmula perfecta para entender la vida, nace el hombre dispuesto a aceptar la extrañeza de la vida, el misterio y la pregunta que representa.

Raskólnikov acaba por confesar el crimen y se entrega. Pero uno no lee *Crimen y castigo* para investigar la mente de un criminal, ni para comprender si la pobreza, la locura o la razón, seducida por una idea terrible, pueden justificar un asesinato. Estas son cuestiones morales, y la moral no es propia de la literatura, no le pertenece. La literatura empuja a hacer propia una complejidad que solo surge de la comprensión. Os hará entender que lo correcto y lo incorrecto, el bien y el mal son categorías increíblemente complejas. ¿Es justo castigar a una mujer que ha cometido adulterio? ¿Y obedecer una ley injusta? ¿Y qué es más importante: el cumplimiento de un voto o el amor?

Un joven mata a una vieja usurera para demostrarse a sí mismo que tiene derecho a matar. Es un concepto perturbador, ¿no? O pensad en *Anna Karénina*. Intentad imaginar el efecto que produjo en la sociedad del siglo XIX la historia de una mujer casada que abandona a su marido para estar con su amante. O pensad en *Lolita,* que narra la perversa pasión de un hombre adulto por una niña, su hijastra, además.

¿Qué tienen en común estas novelas? Perturban, rompen los esquemas, obligan a recorrer senderos oscuros, a ponerse en la piel de un asesino o de un depredador sexual. No importa cómo juzguéis al personaje, no importa si os suscita emociones desagradables. Si una novela se os escurre como agua mansa, entonces sí que ha fracasado en su cometido. Si al final de la lectura no habéis sentido ninguna turbación, ningún estremecimiento de sorpresa, si no os habéis sentido eufóricos o acorralados por ideas en las que nunca habíais pensado, la novela que habéis leído probablemente no tenía nada que decir.

....

LOS NOMBRES RUSOS

Una de las mayores dificultades que encuentran los lectores cuando se acercan por primera vez a la literatura rusa son los nombres. Los rusos tienen tres: un nombre de pila, un patronímico y un apellido. En la *Ilíada,* Homero usa la expresión «Pélida Aquiles», donde «Pélida» es un patronímico y significa 'hijo de Peleo'. El patronímico indica el vínculo con el padre. Tomemos al protagonista de *Crimen y castigo:* Rodión Románovich Raskólnikov. Rodión es el nombre; Románovich, el patronímico, y Raskólnikov, el apellido.

Sin embargo, los escritores rusos nunca llaman a un personaje de la misma manera. Así, cuando leas *Crimen y castigo,* una vez lo encontrarás nombrado solo por su apellido, Raskólnikov; en otras ocasiones, en cambio, leerás su nombre y patronímico. Los rusos, de hecho, tienen una forma diferente de llamar a las personas según las circunstancias. En las relaciones formales o cuando dos personas se encuentran por primera vez, utilizan como forma de respeto el nombre y el patronímico. Así, cuando el inspector Porfiri conoce a Raskólnikov, le dice: «Rodión Románovich, le ruego que me disculpe. Es así, ¿verdad? Rodión Románovich es tu nombre completo, ¿no?».[11] «Sofía Semiónovna», dice Raskólnikov cuando presenta por primera vez a Sonia a su amigo, «Sofía Semiónovna, este es mi amigo, Razumijin, es un buen hombre».[12] El nivel de formalidad en un primer encuentro es mayor. Sin embargo, cuando Raskólnikov se acuerda de ella, la llama simplemente Sonia: «Pobres y dulces, con los ojos dulces... ¡Queridas!... ¿Por qué no lloran? ¿Por qué no gimen?... Renuncian a todo... Miran con suavidad y con dulzura... ¡Sonia, Sonia!».[13]

Los rusos hacen un amplio uso de apodos y diminutivos. Cuando la madre y la hermana de Raskólnikov se dirigen a él, no usan la fórmula de nombre y patronímico. Lo llaman cariñosamente Rodia y Rodka. A Avdotia Románovna, hermana de Raskólnikov, en familia siempre la llaman Dunia o por el diminutivo Dúnechka.

Esta es la regla general, pero también encontraréis muchas excepciones: Dostoievski, al hablar de sus personajes, suele usar su apellido; Tolstói, en cambio, emplea en algunos casos el nombre de pila del personaje precedido de la palabra príncipe o princesa, como en el caso del príncipe Andréi y la princesa María; otras veces utiliza solo el nombre de pila, como en el caso de Pierre y Natasha, y otras veces emplea el nombre y el patronímico, como en el caso del conde Iliá Andréich. ¿Cómo entender algo? Bueno, conozco a gente que, cuando empezó a leer los clásicos rusos, tomó montones de apuntes, escribió todos los nombres de los personajes, sus patronímicos, sus apodos. Pero es un esfuerzo inútil. ¿Recuerdas la primera vez que montaste en bicicleta? Nadie te explicó que, al empujar el pedal, el movimiento generaría una fuerza transmitida a la cadena, que a su vez haría girar el piñón y la rueda trasera. Te subiste al sillín y empezaste a pedalear. Lo mismo ocurre cuando pruebas un plato exótico sin conocer sus ingredientes, sus especias. Poco a poco nuestro paladar se acostumbra a los nuevos sabores. Para moverse con familiaridad por los clásicos de la literatura rusa no existen trucos ni estratagemas; basta con coger el ritmo, acostumbrar el oído a su «música».

Antes de cerrar este pequeño paréntesis, quiero hablaros de dos palabras que debéis tener muy presentes, porque las encontraréis constantemente en los clásicos rusos. La primera es *bátiushka,* que muchos lectores noveles suelen confundir con *bábushka,* una de las palabras rusas más famosas y que significa 'abuela, viejecita'. *Bátiuska,* en cambio, es un apelativo referido a los hombres que los rusos usan para expresar respeto, cortesía, pero también un tono afectuoso. Literalmente podemos traducirlo como 'padrecito'. El apelativo español «don», en cierto modo, sería el equivalente de *bátiuska,* pero le falta ese tono cálido y afectuoso que los rusos asocian a esa palabra.

La segunda palabra que debéis tener en cuenta es *samovar.* El samovar es un calentador de té con forma de urna y, si leéis una novela rusa, os toparéis una y otra vez con este objeto. Los rusos se reúnen, charlan, discuten y proyectan revoluciones mientras toman el té. Cuando llega un invitado, lo primero que hace un buen anfitrión es encender el samovar y ofrecerle una taza de té; incluso para los pobres es un ritual indispensable.

El té hizo su aparición en Rusia en 1618, un regalo de China al zar Alejo, y desde entonces gozó de un éxito formidable. Si observáis un mapa de Rusia, es imposible no reparar en que esta inmensa nación se encuentra literalmente a caballo entre Europa y Asia, y no se puede entender verdaderamente la cultura rusa si no se tienen siempre presentes sus dos almas, la de Oriente y la de Occidente, que han influido en este pueblo. Y la mejor manera de leer una novela rusa es acompañarla de una buena taza de té.

....

¿No es demasiado largo?

Muchos críticos han acusado a Dostoievski de ser prolijo y, en particular, de escribir monólogos demasiado largos, lo que asusta a muchos lectores. Sin embargo, hay que entender que los de Dostoievski no son solo monólogos: son una habitación demasiado concurrida, llena de gente que grita, resopla, maldice, suplica, bromea. Imaginemos un tribunal: en una silla está sentado el juez; en otra, el acusado, y luego están los abogados de la acusación y la defensa. Cada uno tiene su papel. Los personajes de Dostoievski, en cambio, cuando piensan, son a la vez juez y jurado. Se acusan, discuten, debaten, buscan acuerdos entre sí. Este es uno de los aspectos más interesantes de Dostoievski, porque fue el primero en intuir que el yo no es algo lineal, un bloque único de hormigón, sino que se parece más a una casa hecha de muchas estancias diferentes. Y cada una de ellas está habitada por un inquilino que tal vez no pueda ver al tipo de al lado que escucha música a todo volumen mientras que a él le gustaría leer tranquilamente un buen libro.

¿Mejor Tolstói o Dostoievski?

A menudo, quienes me conocen no pueden evitar preguntarme: «Pero ¿te gusta más Tolstói o Dostoievski?». Para responder a esta pregunta, utilizo esta metáfora: tratad de imaginar a los dos escritores sentados a la orilla del mar, contemplando el horizonte.

Tolstói describirá el mar en toda su vastedad y profundidad, en toda su inmensidad. Os dirá de dónde viene esa ola y adónde se irá; escribirá sobre corrientes y arena, barcos y navíos, viento y velas. Y luego, sobre islas, acantilados, playas, peces, conchas, gaviotas, mareas. Y después, sobre colores y sonidos, olores e imágenes, gestos y movimientos, sombras y luz... De cada cosa os describirá las características, los detalles, las peculiaridades, los orígenes, los matices.

Dostoievski, en cambio, se detendrá en esa parte del mar en tempestad, en ciclones y tormentas, y os explicará por qué «las olas espumean, rompen, se resquebrajan, por qué el viento sopla, arremete, resuella; escribirá sobre tifones repentinos y huracanes, sobre naufragios y marejadas. Escribirá sobre remolinos asesinos: dónde se crean, por qué se crean, por qué traen dolor y sufrimiento, tormento y delirio».[14] Porque también en el mar hay pasión, inquietud.

Para comprender la diferencia entre Tolstói y Dostoievski, hay que comprender que lo que era distinto era su forma de mirar. Tolstói ofrece una visión perfecta de lo que ocurre en sus libros, muestra lo que vería Dios. El de Tolstói es como un gran ojo que observa la vida desde arriba: a veces, ese ojo se desplaza al mundo interior de los personajes; otras veces, en cambio, somos nosotros quienes debemos intuir sus metamorfosis interiores, gracias a las pistas del autor. Cuando el príncipe Andréi rompe su compromiso con Natasha, que lo había traicionado con Kuraguin, Tolstói no nos cuenta lo que siente el príncipe Andréi; intuimos su estado de ánimo porque «una profunda arruga se dibujaba entre sus cejas» y su risa se había vuelto agria, malvada.

Dostoievski, en cambio, parece contarnos la historia desde el punto de vista de sus personajes. Oímos sus pensamientos, conocemos todas las dudas y preguntas que se hacen, las emociones que les embargan. Nabokov dice que antes de Gógol, los escritores rusos eran como miopes:

El cielo era azul; el alba, roja; el follaje, verde; los ojos de la belleza, negros; las nubes, grises, y así todo. Fue Gógol (y, después de él, Lérmontov y Tolstói) el primero de todos en ver el amarillo y el violeta. Que el cielo pudiese ser de un verde claro al amanecer, o la nieve de un azul intenso en un día despejado, habría sonado a tontería herética al llamado escritor «clásico», acostumbrado como estaba a las rígidas combinaciones convencionales de colores de la escuela francesa de literatura del siglo xviii.[15]

Dostoievski hace lo mismo que Gógol: muestra colores que los otros escritores antes que él nunca habían visto; colores que, sin embargo, no se refieren a los paisajes, cielos, nubes, sino a las emociones. Ningún otro escritor hace sentir los infinitos, imperceptibles matices que pueden tener la tristeza, la ira, la angustia, el amor. Ignora los paisajes, las atmósferas, el mobiliario de una habitación, la forma en que la luz se refleja contra el cristal a primera hora de la mañana: lo único que le interesa es el mundo interior de sus personajes; quiere auscultar sus corazones, desnudarlos por completo.

Desde que vi mi primer Caravaggio en la Capilla Contarelli (era el *Martirio de san Mateo* y recuerdo que casi me paralizó), siempre he pensado que Caravaggio y Dostoievski eran muy parecidos. Siempre me han intrigado sus similitudes, pero nunca he leído un artículo o ensayo en el que alguien los haya comparado. Esto siempre me ha sorprendido, porque las semejanzas entre ambos me parecen evidentes. Caravaggio tuvo continuos problemas con la justicia: insultó a los guardias de la ciudad, fue acusado de haber lanzado a un mozo un plato de alcachofas y, finalmente, tras haber matado a un tal Ranuccio Tomassoni durante un partido de *pallacorda* (una especie de tenis primitivo), fue condenado a la decapitación. Evitó la condena huyendo al exilio. Dostoievski también fue condenado a muerte y le conmutaron la pena cuando ya estaban a punto de ejecutarla. A partir de entonces, Caravaggio empezó a retratar continuamente cabezas cortadas; Dostoievski escribió a menudo sobre la pena capital, y las páginas más bellas de *El idiota* hablan de las emociones que experimenta un condenado a muerte.

Caravaggio era un pendenciero; Dostoievski tenía una adicción patológica al juego. Caravaggio tenía un temperamento colérico; Dostoievski sufría ataques de celos. Caravaggio utilizaba como modelos para sus vírgenes y sus santos a pobres, prostitutas y niños de la calle. Los héroes que pueblan las novelas de Dostoievski son alcohólicos, adolescentes obligadas a prostituirse, miserables empleados consumidos por la rabia y el rencor: pobres diablos que parecen haber salido de un cuadro de Caravaggio. Las obras de este pintor impactan sobre todo por la intensa y extraordinaria expresividad de los sujetos. El fondo suele estar en sombra, pero la luz ilumina como un reflector los rostros de estos hombres y de estas mujeres que se recortan contra la oscuridad que amenaza con engullirlos. Caravaggio es famoso por esto: por sus increíbles efectos de luz.

Sus sujetos nunca tienen una expresión tranquila: tienen los ojos muy abiertos, las cejas fruncidas, los rostros contraídos por el espanto, el asco, la alegría, el horror. Caravaggio pintó los momentos extremos, atormentados de la vida humana. Y lo mismo hace Dostoievski. Sus personajes se interrogan y actúan como si todo fuera una cuestión de vida o muerte. «Buscadme y enseñadme un solo personaje de Dostoievski que respire con calma, que descanse tras haber alcanzado la meta —observa Stefan Zweig—: ¡Ninguno! [...] Todos tienen rostros descompuestos, todos viven con fiebre, convulsiones y espasmos».[16]

Sobre ser extraños, muy extraños

Cuando me preguntan cuál es mi novela favorita de Dostoievski, casi siempre respondo *Crimen y castigo* o *Los her-*

manos Karamázov. A veces, cuando estoy de un humor sombrío o en una fase de extraordinaria creatividad, que para mí coincide con una especie de fiebre intelectual, respondo *Apuntes del subsuelo.* No es realmente una novela, sino un extraño híbrido entre una novela, un ensayo, un monólogo filosófico y un espectáculo de cabaret en el que el actor, en mitad de la función, empieza a atacarse a sí mismo y a su público. Por eso nunca recomiendo empezar a leer a Dostoievski por esta obra.

Sin embargo, hay otra novela de la que quiero hablaros, a menudo subestimada por críticos y lectores, pero que, si bien menos llamativa, es tan intensa como *Crimen y castigo.* Se trata de *El idiota,* que comienza con el regreso del príncipe Mishkin a Rusia tras haber pasado muchos años en Suiza, donde lo han tratado de una grave forma de epilepsia.

El príncipe Mishkin es uno de los pocos personajes verdaderamente buenos que encontraréis en las novelas de Dostoievski: no sabe mentir ni quiere hacerlo, no guarda rencor, no le importa llevar tontamente la cuenta porque, si «tú me lo hiciste, yo te lo haré a ti». No conoce la deshonestidad, la hipocresía, el arte del disimulo, y por eso todo el mundo lo tiene por un idiota.

> Todos me consideran asimismo un idiota, por alguna razón; efectivamente, en un tiempo estuve tan enfermo que podía parecer un idiota; pero ¿qué clase de idiota sería ahora, si yo mismo soy consciente de que me tienen por un idiota? Entro en un sitio y me digo: «El caso es que me tienen por un idiota y, sin embargo, soy inteligente, pero la gente no se da cuenta...».[17]

«Es un idiota» es la etiqueta que rige las relaciones de los distintos personajes con el príncipe. Todos esperan encontrar en él a un simplón y, al final, se ven obligados a cambiar de opinión. Entre los «motores» que impulsan la trama están precisamente los malentendidos, las malas interpretaciones que giran en torno a la convicción de que el príncipe es, en efecto, un idiota. «¿Puedo casarme con un idiota?», se pregunta Aglaia, a quien le cuesta admitir que se ha enamorado del príncipe. «¿Podemos dar crédito a sus palabras?», se preguntan los demás. Pero volviendo al principio de la novela, en el tren con destino a San Petersburgo, el príncipe conoce a un joven lúgubre y sombrío de su misma edad llamado Rogozhin. Ambos se enamoran de la misma mujer: la bella Nastasia Filíppovna, seducida a temprana edad por su tutor y, por tanto, considerada «perdida» por la sociedad de San Petersburgo.

El argumento es de lo más clásico: Rogozhin y el príncipe aman a Nastasia; Nastasia está enamorada del príncipe, pero acepta casarse con Rogozhin; del príncipe también se enamora Aglaia, una joven de buena familia con la que el príncipe tiene una excelente relación. Se han derramado ríos de palabras sobre el príncipe, sobre Nastasia Filíppovna, la más trágica de las mujeres fatales del siglo XIX, sobre la extraña relación de amor-odio entre el príncipe y Rogozhin, y sobre el propio Rogozhin, víctima de unos celos insanos y de un amor obsesivo por Nastasia Filíppovna, que se asemeja a la devoción por un ídolo.

Una de las razones por las que deberíais leer *El idiota* es que no hay personaje menor que no se te quede grabado. Por lo general, un buen libro se reconoce por esto: todos los personajes menores, ya sean personajes ocasionales o simples figurantes que aparecen en una fiesta o en la concurrida calle que estáis recorriendo, tienen un matiz que se te queda grabado.

Un gran escritor cuida hasta los detalles más nimios, que tal vez pasen desapercibidos, pero que contribuyen a volver fascinante, realista y vívida la atmósfera de una novela. Sin embargo, los personajes menores, aunque tengan alguna característica interesante, son casi siempre «máscaras»; es decir, pertenecen a tipos humanos fácilmente reconocibles: el arribista, el fanfarrón, el pobre, el borracho, el oportunista, etcétera.

En realidad, incluso Tolstói utiliza estas etiquetas: en *Guerra y paz*, por ejemplo, Berg es el clásico arribista; el príncipe Vasili, un oportunista, y Hélène y Kuraguin interpretan el papel de malvados. Cuando lees sobre estos personajes sabes exactamente qué esperar. Sabes cómo actuarán, qué dirán. Inconscientemente les pones una etiqueta y los metes en una casilla mental. Con Dostoievski, en cambio, no se puede hacer eso, porque él subvierte esta convención novelística.

Lo que voy a presentaros a continuación es una de las escenas más locas de *El idiota*. Estamos en casa de Nastasia Filíppovna. Allí se encuentran Rogozhin, pálido y tembloroso, que ha traído cien mil rublos para comprar su amor; Gania, otro de sus pretendientes, que acepta casarse con ella a cambio del dinero que le ofrece el tutor de Nastasia; y el príncipe. En el transcurso de la velada, confiesa que la ama y le pide que se case con él. Hasta ese momento, el príncipe no tenía ni un céntimo en el bolsillo, pero de repente se descubre que ha recibido una herencia, y pasa de ser un noble arruinado a convertirse en uno de los hombres más ricos de Rusia. En cualquier otra novela, la mujer despreciada por la sociedad aceptaría la propuesta del príncipe, que la ama sin juzgar su pasado, y los lectores tendrían su final feliz.

En cambio, Nastasia rechaza la propuesta del príncipe y acepta pasar la noche con Rogozhin. Este, por cierto, debería personificar al clásico hombre arrogante convencido de que puede comprarlo todo con dinero, pero en esta escena, en cambio, Dostoievski lo muestra tan inmóvil como una estatua y casi incapaz de articular palabra; lo único que hace, de hecho, es mirar con los ojos muy abiertos a Nastasia Filíppovna, como si esperara una sentencia de muerte. Gania también parece el clásico oportunista dispuesto a casarse por dinero con una mujer a la que desprecia. En un momento dado, Nastasia, para vengarse de Gania, toma los cien mil rublos de Rogozhin y los arroja al fuego.

—Escúchame, Gania; quiero ver tu alma por dentro por última vez; has estado tres meses haciéndome sufrir, ahora me toca a mí. ¡Mira este paquete, contiene cien mil rublos! Pues ahora voy a echarlo al fuego, a la chimenea, delante de todos, ¡ustedes son testigos! Una vez que las llamas lo envuelvan por completo, puedes acercarte a la chimenea, pero, eso sí, sin guantes, con las manos desnudas, remangado, y ¡sacar el paquete del fuego! Si lo sacas, es tuyo, ¡cien mil rublos son tuyos! Te quemarás un poquitín los dedos, pero son cien mil rublos, ¡imagínate! ¡No vas a tardar nada en sacarlo! Y yo podré admirar tu temple mientras sacas mi dinero de las llamas. ¡Todo el mundo es testigo de que el paquete será para ti! Si tú no intentas sacarlo, se quemará; no permito que se acerque nadie más. ¡Apártense! ¡Apártense todos! ¡Mi dinero! Me lo ha dado Rogozhin a cambio de mi consentimiento. [...]

El grupo se había abierto delante de él, dividiéndose en dos mitades, dejándolo frente por frente de Nastasia Filíppovna, a tres pasos de distancia. Ella, muy cerca de la chimenea, estaba expectante, sin apartar de él la mirada ardiente. Gania, en frac, con el sombrero en la mano y con guantes, parado ante ella, con los brazos cruzados y mirando al fuego, le daba la callada por respuesta. Una sonrisa enajenada surcaba su rostro, blanco como un pañuelo. Lo cierto es que no podía retirar los ojos del fuego, del paquete envuelto en llamas. Pero algo nuevo pareció surgir en su alma; era como si se hubiera jurado a sí mismo soportar hasta el fin aquel tormento, y no se movía del sitio. A los pocos segundos todo el mundo tenía claro que no iba a coger el paquete, que no quería hacerlo.[18]

En las novelas de Dostoievski, los buenos tienen momentos de mezquindad, y los malos, momentos de heroísmo. Al leer *El idiota*, no sabemos a quién despreciar y a quién amar, no sabemos quién actuará cómo y por qué. El suelo se desmorona constantemente bajo nuestros pies: en cuanto nos hemos formado una opinión sobre un determinado personaje, he aquí que lo vemos hacer algo inesperado que nos lleva a cuestionar nuestro juicio sobre él. Y esto para mí siempre ha sido un entrenamiento excelente: las etiquetas son cómodas, porque nos ahorran la molestia de pensar. Pero si de verdad queremos entender a quienes nos rodean, tenemos que deshacernos de esas cómodas simplificaciones.

A este respecto, recuerdo algo que Chéjov escribió en *Tío Vania:* «Y cuando ya no saben cómo etiquetarte, le critican a uno por la espalda: "Ese no es normal" o "Es un pedante". Y cuando ya no saben cuál ponerte, te plantan un letrero en la frente: "Es un tipo muy raro, muy raro…"».[19] Y ser raro, precisamente raro, es el mejor cumplido que alguien puede hacerte.

Hay otro personaje menor en *El idiota* del que quiero hablaros: Ippolit, un joven que al principio se presenta como un muchacho arrogante aquejado de tuberculosis, alguien a quien compadecer, no alguien con quien empatizar. Sin embargo, algunas de las reflexiones más profundas de la novela las hace Ippolit. «Sabía positivamente que tengo tisis, y que esta enfermedad es incurable; no intentaba engañarme y era consciente de mi situación»,[20] dice ante un mar de invitados que lo desprecian.

¿Para qué quiero yo vuestra naturaleza, vuestro parque de Pávlovsk, vuestros amaneceres y vuestras puestas de sol, vuestro cielo azul y vuestros rostros satisfechos, si todo este festín inacabable parte del hecho de que yo soy el único excluido? ¿De qué me sirve a mí toda esta belleza, si a cada minuto, a cada segundo, no tengo más remedio que saber que hasta esta mosca diminuta que está zumbando ahora mismo a mi alrededor, en el rayo de sol, participa en todo este banquete y, en este coro, sabe cuál es su sitio, le gusta y es feliz, mientras que yo soy el único aborto, y únicamente mi pusilanimidad me ha impedido entenderlo hasta ahora?[21]

¿Alguna vez habéis tenido pensamientos inoportunos, vergonzosos o incluso pensamientos que, en sí mismos, son de lo más normales, pero que, dichos en cierto contexto, son completamente inapropiados? Sería interesante elaborar una lista de las cosas que no pueden decirse en determinadas situaciones y por qué. Estamos tan acostumbrados a estas convenciones que, al leer a Dostoievski, se tiene la impresión constante de que alguien os ha puesto la zancadilla. Yo, al leerlo, no puedo evitar hacer una mueca de dolor y pensar: «No puedo creer que escribiera esto. No puedo creer que este personaje haya dicho eso».

Decoro, buen gusto, autocontrol: ninguno de los personajes de Dostoievski posee estas características. Os he dicho que en Dostoievski encontraréis historias de sufrimientos grandes, imperdonables, pero también una inesperada comicidad que se origina en situaciones paradójicas. Yo encuentro la absoluta falta de autocontrol de los personajes dostoievskianos profundamente reconfortante. La vida social, con todas sus reglas, convenciones e hipocresías, es tan sofisticada y agotadora que leer sobre estos personajes completamente desinteresados en quedar bien con el prójimo es una bocanada de aire fresco.

El oficio de encontrar nuestro lugar en el mundo

Thomas Mann

El caso Thomas Buddenbrook

Hay novelas en las que solo se puede entrar de una manera, de puntillas, y *Los Buddenbrook* es una de ellas. Algunas tienen un comienzo fulgurante: el inicio de *Crimen y castigo* es así, y también lo es *El infinito* de Leopardi, aunque no sea una novela; otras, sin embargo, tardan más en «arrancar».

Estamos en el siglo XIX, en Lubeca, una animada ciudad alemana donde grandes empresas familiares exportadoras e importadoras de grano, lana, aceite y cuero constituyen la gran burguesía. Mientras en toda Europa nacen Estados-nación cada vez más centralizados, en Lubeca, en esta «Venecia del Norte», revive el sueño de la polis griega, de la ciudad-Estado gobernada por una clase mercantil orgullosa, independiente y ufana.

Los Buddenbrook narra la historia de una familia acomodada burguesa; a lo largo del libro se puede seguir a cuatro generaciones distintas, pero el relato se centra en la intermedia y, en particular, en el destino de los tres hermanos Thomas, Antonie (a quien todos llaman Tony) y Christian. Las cuatro generaciones de la familia Buddenbrook corresponden a las cuatro generaciones de la familia Mann. El legendario antepasado Johann Buddenbrook no era otro que

Johann Mann, abuelo del escritor y fundador de la empresa familiar. De descendiente en descendiente, Thomas Mann construye un vívido mosaico precisamente porque la materia de la que se nutre es la historia de su propia familia.

Al principio, algunos lectores tienen dificultades para «entrar» en la novela: otros se estancan en el comienzo. En las primeras cincuenta páginas parece que no pasa nada. Pero esto solo ocurre porque los lectores modernos estamos demasiado acostumbrados a entrar de inmediato en el centro de la acción. En realidad, lo que Thomas Mann hace es lo que yo llamo «poner la mesa»: ante todo quiere sumergirte en la atmósfera de una casa burguesa del siglo xix. Por eso he dicho que debéis acercaros a esta novela de puntillas.

Más adelante llegarán los acontecimientos, las peripecias, los amores románticos y las rencillas familiares que harán que os apasionéis por el destino de esta particular familia. Pero al principio Mann quiere ser tu cicerón en una especie de «visita guiada» por la familia Buddenbrook. Os recomiendo leer las primeras páginas de la novela con este espíritu.

Imaginaos que visitáis una casa-museo: cruzáis la puerta de entrada y encontráis a una familia reunida en lo que llaman la «sala de los paisajes»; veis al cónsul, a su esposa y a su hija, una niña pequeña de graciosos cabellos rubios; luego, por supuesto, os encontráis con la institutriz extranjera y con la siempre presente pariente pobre, que incluso de niña tenía «la expresión tranquila de una solterona», una figura recurrente en las novelas del siglo xix y que, os lo advierto, muy pocas veces tiene un destino feliz.

Después de algunas páginas pasáis al comedor; veis al cónsul alejarse de los invitados con aire preocupado para hablar a solas con su madre. En un momento dado, oímos el nombre de un tal Gotthold, el hermanastro del cónsul, y descubrimos que ha sido desheredado por casarse con una chica de origen humilde. Gracias a esta pista, Mann muestra la diferencia entre la vieja y la nueva generación: el cónsul defiende a su hermanastro, y así nos damos cuenta de que es un poco más abierto de mente que su padre.

Pero el cónsul no puede descuidar sus deberes de anfitrión: regresamos con él al comedor y disfrutamos de una cena compuesta por sopa de hierbas con pan tostado, carne, pescado, jamón ahumado, verduras, fruta, púdines y, por supuesto, innumerables cantidades de vinos selectos. Finalmente, como última parada de nuestro recorrido, pasamos a la «sala de billar», donde los hombres juegan, beben licor y hablan de política y negocios, «cosas de hombres del siglo XIX», en resumen.

«Escribir una novela es como organizar una fiesta, lo difícil es crear el ambiente —dice Alessandro Piperno—: quien relee a Conan Doyle no busca la emoción de una trama apasionante, sino el encanto de una cierta atmósfera inconfundible: la melancolía de Sherlock Holmes, los intercambios de bromas con el fiel Watson, las brumosas tardes londinenses».[1]

Pues bien, si leéis estas primeras cincuenta páginas de *Los Buddenbrook*, sin daros cuenta, habréis saboreado esa atmósfera tan particular que solo se respiraba en una familia burguesa del siglo XIX.

....

¿QUÉ ES UNA NOVELA BURGUESA?

Los Buddenbrook es una novela «burguesa». *Guerra y paz, Crimen y castigo* y *El viejo y el mar* son novelas «aristocráticas». Utilizo estos términos no en un sentido clasista, sino para definir dos planos distintos del ser.

Una novela puede ser aristocrática al margen de la clase social a la que pertenezcan sus personajes: el príncipe Andréi de *Guerra y paz,* Raskólnikov de *Crimen y castigo* y Santiago, el humilde pescador de *El viejo y el mar* son todos portadores de una visión «aristocrática» de la existencia. Son personajes que hablan de Dios, del mal, del destino; las fuerzas que los empujan a actuar trascienden la vida cotidiana. «¿Dios existe? ¿Es justa la guerra? ¿Qué es el bien? ¿Qué es el mal?», se preguntan Pierre y el príncipe Andréi; las mismas preguntas que se hace Santiago cuando, en plena faena, reflexiona sobre el sentido de la existencia, la soledad y el destino. El motor de la trama de *Crimen y castigo* está en el conflicto entre diferentes visiones e interpretaciones de la vida; el enfrentamiento entre Sonia y Raskólnikov (entre el corazón y la razón) o entre Raskólnikov y el inspector Porfiri se da en un plano intelectual-moral; ambos implicados se baten en una especie de juego existencial en que las ideas y la fuerza con que se expresan les hacen perder o ganar puntos.

Muy distintas son, sin embargo, las preocupaciones que agitan a los personajes de Jane Austen. *Orgullo y prejuicio* es el ejemplo clásico de novela burguesa. De cada personaje se sabe exactamente a cuánto ascienden sus ingresos, si es soltero o no, qué y cuántas posesiones tiene. Todos los personajes del mundo de Jane Austen se mueven en estas coordenadas: respetabilidad, relaciones sociales, opiniones, moralidad... Cuando en *Orgullo y prejuicio* la joven Lydia se fuga con el pérfido Wickham, la mayor preocupación de su familia es lograr cuanto antes un matrimonio reparador para salvar su «reputación». Lo que mueve al ambicioso Julien Sorel, protagonista de *El rojo y el negro* de Stendhal, es el deseo de escalar en la jerarquía social, y no duda en recurrir a engaños, adulaciones y artimañas para conseguirlo. En *Grandes esperanzas*, de Dickens, seguimos las peripecias de un huérfano que intenta convertirse en caballero, emancipándose de la pobreza de su infancia.

En las novelas burguesas, el motor de la narración pasa por el trabajo, la conquista o la pérdida de una determinada posición social, la relación con los demás. Encontraremos descripciones minuciosas del carácter de los personajes, de sus costumbres, de las conversaciones que mantienen en un determinado contexto social. Pero también descripciones detalladas de lo que poseen: ropa, mobiliario, carruajes... Todos los elementos escénicos indispensables para crear la atmósfera de la novela burguesa. En algunas obras hay personajes que pertenecen a uno y otro mundo: el príncipe Andréi y el despreocupado Pierre de *Guerra y paz* se mueven en la dimensión aristocrática del ser, mientras que el príncipe Vasili y el joven Borís, a quienes les interesa sobre todo entablar relaciones útiles y mejorar su posición social, se mueven en una dimensión puramente burguesa. Pero esto no significa que las novelas aristocráticas sean mejores que las burguesas o viceversa. Habrá momentos en los que os cansaréis de lo que veis, oís y pensáis todos los días, y queráis ver con vuestros propios ojos lo que han visto quienes se han encaramado a la montaña más alta del mundo. En otros momentos tendréis sed de poesía, de «infinito», y sentiréis dentro de vosotros la urgencia de dar un nombre a esas terribles preguntas que sentís dentro de vosotros, y entonces estaréis preparados para las vertiginosas ascensiones al pensamiento de Raskólnikov e Iván Karamázov. Pero cualquiera que conozca la montaña sabe que, después de un rato, la gran altitud es embriagadora. La visión de esos picos nevados, de esos salientes vertiginosos, de esos cielos inmensos os harán girar la cabeza y os sentiréis atraídos de nuevo por el encanto del fondo del valle, con sus bosquecillos y arroyos y sus prados bien cuidados.

Cuando tengáis que desenvolveros entre lo que vuestros colegas piensan de vosotros, las expectativas de vuestra familia y el cuidado de los hijos; cuando tengáis que lidiar con un jefe autoritario o con esa chica presumida que se cree mejor que todos o con esa conocida que, cuando habla, siempre parece decir: «¡Usted no sabe quién soy!», entonces os resultará de ayuda la ironía de Jane Austen. Os deleitarán la vanidad de la señora Bingley o las aventuras de Julien Sorel en medio de las convenciones y la hipocresía de la alta sociedad.

La poesía de lo cotidiano

Como ya he dicho, *Los Buddenbrook* es una novela burguesa: trata de matrimonios, del patrimonio de tal o cual pretendiente, de cómo impresionarlos, de la educación que hay que dar a los hijos, de contrastes familiares. En esta novela se encuentra, en mi opinión, uno de los personajes más interesantes de toda la literatura: Thomas Buddenbrook. ¿Tenéis presente una *matrioshka?* Desde fuera tiene un aspecto muy sencillo, pero al abrirla revela otro compartimento, y luego otro y otro más, y así sucesivamente. Thomas Buddenbrook es así: a mitad del libro se lo ha descrito como el patriarca de la familia, serio, respetuoso con las tradiciones, apegado al deber. Su única preocupación es la de aumentar el prestigio de su empresa. Sin embargo, cuando ya nos hemos formado una cierta idea de él, Mann muestra otra faceta de Thomas Buddenbrook. Su tío Gotthold acaba de morir y estos son sus pensamientos:

La sensibilidad poética era algo ajeno a tu persona, por más que tuvieras el valor de amar y casarte en contra de la voluntad de tu padre. Y tampoco tenías ambición, tío Gotthold. Cierto es que ese antiguo apellido es un apellido burgués, y que la manera de honrarlo es contribuir al esplendor de una empresa de exportación de cereales, conseguir que nuestra propia persona sea honrada, querida y poderosa en un pequeño rincón del mundo... ¿Pensaste tal vez: voy a casarme con la Stüwing, con la mujer a la que amo, y dejaré de lado todas esas consideraciones prácticas porque son meras futilidades, rancios principios burgueses? ¡Ay, también nosotros hemos viajado y nos hemos cultivado ya lo suficiente como para darnos cuenta de que, vistos desde fuera y desde arriba, los límites de nuestra ambición son muy estrechos e irrisorios! Pero todo esto no es más que una parábola aquí en la tierra, tío Gotthold. ¿No sabías que incluso en una pequeña ciudad es posible llegar a ser un gran hombre? ¿Que se puede llegar a ser un césar incluso en un mediocre puerto comercial del Báltico? Naturalmente, para eso es necesario tener una pizca de imaginación, una pizca de idealismo..., y tú no lo tenías, pensaras lo que pensaras de ti mismo.[2]

Thomas Buddenbrook parece ser el burgués por excelencia, pero en estas páginas revela un espíritu muy diferente de la mentalidad pragmática del burgués. Es más, revela un impulso que pertenece al reino de la poesía. Estas páginas pueden no parecer extraordinarias, pero para mí lo fueron, porque me hicieron comprender algo que, de otro modo, probablemente habría tardado años en entender. O quizá nunca lo habría entendido.

De niños, muchos de mis amigos soñaban con ser cantantes o futbolistas, poetas o actores, y en lugar de eso se convirtieron en contables, abogados, vendedores de coches, técnicos informáticos. Y puede que incluso estén satisfechos con su trabajo, pero sienten que a su vida le falta esa creatividad, esa poesía que la gente suele asociar al trabajo artístico. Pues bien, hace algún tiempo me encontraba en Val di Fassa y me puse a hablar con el dueño de un pequeño refugio de montaña, que me dijo que para tener éxito en su trabajo tenía que ser imaginativo. «Pero ¿cómo?», pensé con asombro y también con cierto esnobismo inconsciente: «¿Qué tiene que ver la imaginación con dirigir un refugio de montaña?».

No entendí muy bien lo que significaba hasta que un día tuve que corregir un texto bastante técnico sobre la confección de la seda. Tenía veinticuatro años y, para ganar algo de dinero, lidiaba con varios trabajos: profesora de repaso, correctora de galeradas, publicista de páginas web. Cuando me llegó este manual técnico sobre la historia de la confección de la seda, pensé: «¡Qué horror!». Empecé a leerlo presa del desánimo, pero, como era bastante extenso, me obligué a prestar atención. Pues bien, a pesar de la premisa, aquella lectura resultó interesante: descubrí cosas sobre monjes que pasaban de contrabando la seda en cañas de bambú, sobre guerras y viajes a través de desiertos abrasadores, montañas altísimas y estepas interminables.

Si me hubiera limitado a hojear distraídamente el texto, sin «meterme en él», cada minuto de ese trabajo habría sido una agonía, un aburrimiento mortal. En cambio, aquel día me di cuenta de que Thomas Buddenbrook tenía razón: podemos poner la imaginación, la creatividad y el ímpetu poético en todo lo que hacemos. Si eres curioso, si te apasiona lo que haces, si apelas a la creatividad incluso en el simple acto de cocinar un *risotto,* podar un árbol, recoger leña o cuidar el jardín, no hay actividades prosaicas ni aburridas.

Padres e hijos

Thomas Buddenbrook está descontento con su hijo, que alberga peligrosas inclinaciones artísticas y no muestra ningún interés por el negocio familiar. Sufre por haber engendrado un hijo tímido, débil y demasiado sensible, muy poco apto para desempeñar el papel de patriarca de la nueva generación Buddenbrook. El pequeño Hanno teme a su padre y lo desprecia en secreto. En muchas novelas, el conflicto generacional es el motor que alimenta la trama; lo interesante de *Los Buddenbrook,* sin embargo, es que a través de la historia del pequeño Hanno, Thomas Mann nos habla de su infancia, pero también se identifica con la mente de Thomas Buddenbrook, el *alter ego* de su padre. «Todavía me parece verlo —cuenta el escritor— cuando, levantándose un poco el sombrero de copa, salía de una sesión del Senado entre dos guardias de infantería que le presentaban las armas: lo veo acoger con elegante ironía los respetos de sus conciudadanos, y nunca he olvidado el luto universal con el que, cuando yo tenía quince años, la ciudad entera lo acompañó a la sepultura».[3]

También el padre de Thomas Mann deseaba que su hijo se convirtiera en su sucesor en el negocio familiar, pero el joven tenía otros intereses. Obligado a frecuentar el Katharineum, la escuela con orientación comercial, no brilló en los estudios. A los ojos de los profesores, era perezoso, distraído, arisco. Por el contrario, se sentía atraído por los libros, por la música; la escucha de una simple sonata hacía brillar sus ojos y encendía su corazón de entusiasmo, pero estos delicados estremecimientos del alma eran incomprensibles a los ojos de un padre que había hecho del comercio y de la política su profesión. A la muerte del padre, el joven Thomas liquidó el negocio familiar, se trasladó a Roma y comenzó a escribir *Los Buddenbrook*.

El joven debe conquistar su independencia, su libertad. Para ello debe desafiar a su padre, su autoridad, sus valores, para ponerse, por fin, a su misma altura. El asesinato metafórico del padre es un clásico rito de paso.

En cambio, mientras Thomas Mann escribe *Los Buddenbrook,* se identifica y se funde con su padre; el verdadero protagonista de la novela no es el pequeño Hanno, sino el orgulloso e inflexible Thomas Buddenbrook. En la novela, el desafío del escritor a la autoridad paterna se difumina en arrepentimiento, en el afecto nostálgico del adulto que, al recordar a su padre, lo echa de menos.

El caso Oblómov

Dejamos atrás a un joven Thomas Buddenbrook lleno de entusiasmo y de ímpetu poético, ansioso por llevar sus negocios con pasión e idealismo. Sin embargo, desde aquella milagrosa intuición ya han pasado varios años, y nos trasladamos hasta un episodio muy particular en la trama que marca un giro en su evolución. Su familia y la ciudad entera están celebrando el centenario de la fundación de la empresa, y Thomas Buddenbrook percibe por primera vez una grieta en la vida que ha construido con tanto esfuerzo y meticulosidad:

> Comenzaba el baile... ¡Ojalá hubiese pasado ya aquel día! ¿Lograría quedarse solo en algún momento para poder relajar los músculos de la cara, aunque no fuera más que por un instante? Visitas durante todo el día, todo el día respondiendo con sumo tacto y dignidad a las felicitaciones de cientos de personas, buscando las palabras adecuadas y el tono adecuado para cada uno: halagado, serio, amable, irónico, humorístico, tolerante, cariñoso...[4]

En los capítulos siguientes, esta grieta se ensancha, y Thomas Buddenbrook empieza a reflexionar sobre su vida: lo han elegido senador, es uno de los hombres más ricos y respetados de la ciudad; tiene mujer, un hijo, una magnífica casa. Dicho de otro modo, ha conseguido todo lo que un hombre puede desear; y, sin embargo, un malestar interior se insinúa en él y crece hasta hacerle cuestionar toda su existencia.

> La existencia de Thomas Buddenbrook ya no era muy distinta a la de un actor; eso sí, de un actor para quien la propia vida hasta su último y más mínimo detalle cotidiano se ha convertido en representación; en una representación que, exceptuando unas escasas y breves horas de soledad y distensión, requiere y consume todas sus fuerzas... La absoluta falta de entusiasmo por algo que de verdad le apasionase, el empobrecimiento y la desolación que reinaban en su interior —una desolación tan profunda que se traslucía en un estado de pesar casi permanente y tan indeterminado como angustioso—, unidos a un implacable sentido del deber y a la

firme determinación de seguir mostrando la máxima dignidad a cualquier precio, de disimular su debilidad por todos los medios y guardar las «apariencias», habían transformado su existencia en eso: en algo artificial, conscientemente forzado, por lo que cualquier palabra, cualquier movimiento, cualquier acción que implicase el más mínimo contacto con otras personas, se convertía en una agotadora e irritante actuación teatral.[5]

Thomas Buddenbrook ha dedicado su vida a aumentar el patrimonio y el prestigio de la familia; es como si hubiera circunscrito su existencia entre estas tres murallas: familia, respetabilidad, trabajo. Murallas sólidas, confortables, seguras, porque sabe que nada imprevisto o inesperado puede sucederle. Todos nosotros, como Thomas Buddenbrook, vivimos protegidos por nuestras «murallas»: nuestras costumbres, nuestros amigos, la familia, los grupos que frecuentamos, las ideas y opiniones que compartimos, el «sentido común» que hacemos nuestro. Son las murallas que hemos elegido habitar. Pero en un momento dado, Thomas Buddenbrook no puede evitar preguntarse si hay algo más allá de estas murallas, algo más que no ha visto, no ha oído, no ha saboreado; no sabe qué es ese algo más, ese *otro lugar*, pero sabe que existe. Y aquí Thomas Mann transmite toda la fuerza de este sentimiento devastador que es el arrepentimiento. «¡Corre, corre, corre!», te dice la sociedad. «¡Trabaja, trabaja, trabaja!». Y tú, por supuesto, haces como Thomas Buddenbrook, y puede que incluso te sientas feliz por ello, porque llegas a consolidarte en tu ámbito y ganas una posición respetable. Sin embargo, cuando llegas a cierta edad, quizá porque estás de vacaciones y por fin desconectas del trabajo, resulta que recuperas el aliento y te das cuenta de que durante los últimos meses o incluso años de tu vida solo has vivido para eso.

En la literatura rusa hay un personaje que es exactamente lo contrario de Thomas Buddenbrook. Es el personaje más extraño con el que os toparéis en el curso de vuestras lecturas: Oblómov. Una vez, Manganelli, escritor y crítico literario, dijo que no se puede hablar de Oblómov; es como si entre nosotros, los lectores, el nombre de Oblómov debiera custodiarse celosamente y susurrarse a flor de labios; en cuanto se pronuncia en voz alta, se rompe el encanto. No pretendo hacer justicia en unas pocas líneas a la extraordinaria novela que es *Oblómov*, de Iván Goncharov, pero sí quiero intentar daros una muestra.

Imaginad que sois ricos terratenientes en la Rusia del siglo XIX: tenéis tierras, campesinos que las trabajan, administradores que gestionan vuestras propiedades, y no tenéis nada que hacer. Podéis ir a fiestas, bailes, cenas de la alta sociedad; podéis leer o escribir o ir de caza o cultivar cualquier interés que os estimule el espíritu. Oblómov, sin embargo, no es un terrateniente cualquiera: se pasa los días en la cama, atendido por su sirviente Zajar, que cubre todas sus necesidades. Pero ¿qué hace Oblómov en realidad? Fantasea, sueña despierto.

Su ideal de vida es de una simplicidad desarmante: pasar los días leyendo, hablando, conversando en compañía de sus amigos más queridos. Su tiempo fluye despacio, perezosamente, sin ansiedad, sin prisas, sin obligaciones. En el ideal de Oblómov no hay lugar para el trabajo, la ambición o la realización personal; no hay lugar para la vanidad, y ni siquiera para el orgullo que supone saber que se ha conseguido algo con el propio esfuerzo. Para Oblómov solo cuentan la amistad, los afectos y vivir alegremente, contemplando la poesía de la naturaleza, el arte y la música.

—¿Sin tener nada entre las manos? —preguntó Shtolz.
—¿Qué quieres que tengan? Un pañuelo tal vez. ¿No te gustaría vivir así? —preguntó Oblómov—. ¡Eso sí que es vida!
—¿Y así siempre?
—Hasta la vejez, hasta la tumba. ¡Eso es vivir!

—No, eso no es vivir.

—¿Cómo que no? ¿Qué te falta? Tú piensa que no verías ni un solo rostro pálido, sufriente, ninguna preocupación, nadie preguntaría por el senado, ni por la bolsa, las acciones, los informes, las audiencias del ministro, los ascensos del escalafón, las remuneraciones. Todas las conversaciones serían espirituales. No habría que mudarse nunca de casa. Solo eso, cuánto vale. Y tú dices que eso no es vivir.

—No, eso no es vivir —repitió Shtolz tercamente.

—¿Y qué es según tú?

—Es… —Shtolz quedó pensativo en busca del calificativo para esa vida—. Es… oblomovismo —dijo al fin.[6]

Shtolz, el amigo de Oblómov, es el hombre enérgico por excelencia, el trabajador incansable que planifica, ejecuta y viaja a lo largo y ancho para hacer crecer su negocio, pero no tiene ni una décima parte del encanto de Thomas Buddenbrook. Rara vez encontraréis un personaje activo verdaderamente interesante en los escritores rusos. Por el contrario, en la literatura rusa del siglo XIX abundan soñadores, idealistas, locos, visionarios; hombres animados por las mejores intenciones, pero incapaces de plasmarlas en la realidad, debido a su morbosa tendencia a fantasear y perderse en los laberintos del pensamiento.

—¡O-blo-mo-vis-mo! —deletreó lentamente Iliá Ilich, asombrado por esta extraña palabra—. ¿O-blo-mo-vis-mo?

Miró a su amigo de modo extraño y penetrante.

—Entonces, ¿cuál es el ideal de vida para ti? ¿Por qué no el oblomovismo? —preguntó con voz tímida y apagada—. ¿Acaso no aspiran todos a lo que yo sueño? Escucha —agregó con mayor seguridad—, ¿es que no pretendéis con todo vuestro trajinar, vuestras pasiones, guerras, comercio y política conseguir la paz, el reposo? ¿Recuperar el paraíso perdido?[7]

Así pues, ¿quién tiene razón? ¿Thomas Mann o Iván Goncharov? Las novelas de ambos son, a su manera, tragedias. *Los Buddenbrook* no es propiamente una tragedia, no como lo son, por ejemplo, las tragedias shakesperianas; al leerla se respira un aire de comedia, se pasa de las fiestas a las canciones, de las reuniones familiares al discurrir pausado de la vida cotidiana de la familia Buddenbrook. Pero hay un trasfondo trágico, porque trágico es el destino de Thomas Buddenbrook. Y también Oblómov es una novela alegre y despreocupada, bucólica incluso; trágico, en el fondo, es el propio Oblómov: un personaje atrapado en su papel, en su rol.

Thomas Buddenbrook está enjaulado en una vida marcada por las obligaciones y las costumbres, prisionero de la imagen que se ha construido de sí mismo: es como un actor que ha interpretado durante tanto tiempo un papel que ya no puede salir de él. Oblómov, en cambio, es esclavo de su pereza, de su imaginación. Ambos son conscientes de ello, pero no pueden cambiar lo que son: por eso son personajes trágicos.

> Hace poco me dijiste que mi rostro estaba ajado, que no tenía buena cara [...]; sí, estoy fofo, soy como una chaqueta vieja y gastada, pero no a causa del clima ni del trabajo, sino porque en mí estuvo enterrada durante doce años una luz que buscaba la salida, limitándose a quemar su prisión; una luz que no logró escapar y se extinguió sin conseguir la libertad. De ese modo, mi querido Andréi, pasaron doce años y ya no siento deseos de volver a despertar.[8]

Os confieso que hay algo en Oblómov que me rompe el corazón. Oblómov vive soñando, en la eterna espera de la felicidad futura, y es probable que leer *Oblómov* me obligue a pensar en todas esas veces en que me digo a mí misma: «Mañana, mañana...», y así me olvido de vivir el hoy.

A veces me pregunto qué pasaría si Oblómov y Thomas Buddenbrook se encontraran. Probablemente se ignorarían: Oblómov no consideraría interesante a ese distinguido y enérgico caballero; Thomas Buddenbrook despreciaría al bueno de Oblómov, que parece no tener ambiciones en la vida. Sin embargo, nosotros, los lectores, tenemos un lujo: podemos hacer dialogar al Thomas Buddenbrook y al Oblómov que hay en nosotros, e intentar mediar para llegar a un compromiso.

¿Kitsch o póshlost?

Antes de cerrar este capítulo, quiero hablaros de otro personaje que encontraréis en *Los Buddenbrook*. Merece una mención especial porque, a su manera, es un personaje novelesco extraordinariamente bien logrado, pero también quiero hablaros de él porque Christian Buddenbrook es, para mí, el paradigma de lo que es el mal gusto en el arte.

Christian es el hermano de Thomas Buddenbrook, pero no podría ser más diferente de él: no tiene una ocupación estable; le encanta beber, bromear, ir con mujeres, salir de juerga; es un notorio vividor, un vago que cae bien a todo el mundo porque interpreta el papel de bufón del pueblo. Pero Christian tiene también otra característica que lo hace memorable: frecuenta los teatros, los círculos literarios, lee poesía y, convencido de que él mismo es poeta, da voz a las emociones, sentimientos e impresiones que lo atraviesan, pero, al carecer de sensibilidad artística, despierta una vergüenza penosa en quienes lo rodean.

Al hablar de las novelas malas, Milan Kundera, autor de *La insoportable levedad del ser*, una de esas escasas novelas que tuvo un éxito extraordinario, tanto que en los años ochenta y noventa se encontraba un ejemplar en cualquier casa, usa una palabra muy simpática: *kitsch*. El *kitsch* es ese mal gusto repleto de banalidades, clichés y sentimentalismo que tiene tanto éxito precisamente por el hecho de ser sentimental. Kitsch son las estatuillas de Lady Diana, ciertos programas de televisión lacrimógenos, las fotos cursis de una Italia de «pizza y mandolina». Y Christian Buddenbrook es un personaje kitsch.

Nabokov, por su parte, utiliza otro término, *póshlost,* una palabra rusa que el autor no quiere traducir. Podría traducirse por 'trivial', aunque no expresa plenamente el concepto. O podríamos traducirlo por 'sentimental', pero tampoco capta por completo el significado de *póshlost.* Sin embargo, hay una imagen que Nabokov toma prestada de Gógol y que es la traducción perfecta de la palabra *póshlost.*

> Cierto día en Alemania me topé casualmente con un galán de esos. La morada de la doncella a la que había estado cortejando mucho tiempo sin éxito se encontraba en la orilla de uno u otro lago, y allí estaba ella cada atardecer, sentada en su balcón y haciendo dos cosas a la vez: tejiendo una media y disfrutando de la vista. Estando mi galán alemán harto de lo inútil de su búsqueda, finalmente ideó un medio infalible por el que conquistar el corazón de su cruel Gretchen. Cada atardecer se quitaba la ropa, se zambullía en el lago y, mientras nadaba allí, justo bajo la mirada de su amada, se abrazaba a un par de cisnes que habían sido especialmente entrenados por él con ese fin. No sé exactamente qué se suponía que debían simbolizar aquellos cisnes, pero sí sé que durante varios atardeceres seguidos no hizo nada más que ir flotando por ahí y adoptar bonitas posturas con sus aves bajo aquel precioso balcón.[9]

Ese hombretón rubio alemán que nada desnudo en el lago abrazado a dos cisnes era para Nabokov la personificación del *póshlost.* Lo ridículo y lo sentimental a menudo van de la mano en la literatura. De hecho, las novelas sentimentales ejercen una especie de hechizo sobre nosotros: nos dicen verdades evidentes, como «La amistad es un don», «El amor triunfa sobre todas las cosas», «La vida es bella, pero duele», «Nunca hay que rendirse», pero como apelan a nuestros buenos sentimientos, nos resulta difícil pensar mal de ellas. Cuando me encuentro leyendo esas novelas que quieren ser buenas, bellas, edificantes, me acuerdo del gallardo semental alemán con esos dos hermosos cisnes en sus brazos, y cualquier vena de sentimentalismo se evapora de mi alma. Y estoy agradecida a Gógol, y también a Nabokov por haberme llevado a ese pasaje de Gógol, porque, si algún día me olvido de las páginas que he leído, seguiré recordando a ese hombretón desnudo con sus dos cisnes. E incluso en mi lecho de muerte, me bastará con recordarlo para recuperar el buen humor.

Historia de un alma

Giacomo Leopardi

Un alma infantil

Un joven está sentado en una vieja biblioteca, absorto en la lectura, la escritura y la reflexión, rodeado de libros. Esos libros ansiados son su única razón de vivir: «Me lancé sobre ellos con la avidez de un hambriento que se lanza sobre la comida»,[1] escribe a los dieciocho años. Esta biblioteca es como una balsa mágica para Leopardi; allí, el joven solitario zarpa, circunnavega el tiempo y el espacio para desembarcar en épocas lejanas, felices y heroicas. La antigua Grecia y Roma abren sus frutos más dulces a este joven hambriento de vida y poesía. Los libros le cuentan aventuras, hazañas gloriosas, amistades legendarias.

Una ventana de la biblioteca da a la plaza del castillo. Y justo allí, debajo de esa ventana, Leopardi coloca su escritorio. De repente, mientras está inmerso en sus meditaciones, oye una voz alegre e inocente, llena de «dulces pensamientos, esperanzas y estribillos». Esa voz pertenece a Teresa Fattorini. Es una modesta tejedora, hija de un humilde cochero empleado por la familia Leopardi. Al oírla, Leopardi interrumpe su estudio «loco y desesperadísimo» para escucharla cantar. El joven, que sueña con el heroísmo y la gloria, es alcanzado cerca de esa ventana por la flecha del Amor.

No sé si habéis visitado alguna vez la casa de Leopardi. Todo es luminoso, espacioso. El blanco y el dorado de las decoraciones, los techos altos, las enormes habitaciones, las ventanas que dan a los frondosos jardines... Cuando la visité por primera vez, tuve la impresión de encontrarme en un lugar de cuento de hadas. Una amplia escalera del siglo XVIII conduce al primer piso, ocupado por la famosa biblioteca, que alberga miles de volúmenes: Cicerón, Homero y Virgilio están junto a Shakespeare, Maquiavelo y Voltaire. El padre de Giacomo, Monaldo Leopardi, era un bibliómano: no hacía más que comprar libros, guiado por la idea de que «nada es inútil en una biblioteca».

Si esas habitaciones pudieran hablar, nos contarían la historia de un joven que vuelve a casa después de un largo paseo con el brillo de la luna, el cielo y el «mayo fragante» en los ojos. De un adolescente que escribe a su amigo más íntimo, Pietro Giordani, en realidad su *único* amigo, contándole los sueños que agitan su alma, sus esperanzas para el futuro y sus ideas sobre literatura con tal profundidad que luego su amigo llegó a decir que Giacomo «da miedo». Lo que da miedo es una inteligencia tan aguda, una sensibilidad tan grande.

Sin embargo, estas habitaciones también hablarían de silencios, amores negados y sueños rotos, y de una angustia que sus cartas no logran contener. Os susurrarían el dolor de un joven que no puede explicar las razones de la semiceguera que lo aflige. Y hablarían de la huida desesperada de un muchacho deseoso de conocer el mundo, que se lanza hacia el infinito para luego ser conducido de vuelta a la fuerza a su prisión-palacio por un padre inflexible.

Posesivo en sus afectos, tiránico y autoritario en su amor, el conde Monaldo Leopardi es ciego ante los deseos y aspiraciones de su hijo. No reconoce a Giacomo como un individuo de pleno derecho y le molesta que exprese ideas y deseos que no comprende. Para Monaldo, el mundo empieza y acaba en Recanati. Aspira a ser el señor indiscutible de su pequeño feudo, teme el mundo exterior, que considera «plagado de peligros». Advierte a su hijo de todas las desgracias que golpean a aquellos que se aventuran en él:

> Hijo mío, por primera vez estás solo en medio del mundo, y este mundo es más tormentoso y perverso de lo que crees.[2]

Mientras Giacomo quiere conocer, explorar, tiene sed de vida, de conocer gente y grandes mentes, Monaldo no hace sino obstaculizarle el paso, cerrarle las puertas con llave, lo confina en jaulas doradas. Cuando Giacomo está lejos de casa, lo insta a volver y se sirve de las cartas para hacerle añorar su hogar. Hábil conversador, dotado de una lengua ágil y una elocuencia encantadora, sabe cómo seducir utilizando las palabras.

De joven, Monaldo había perseguido el conocimiento con avidez maníaca, leído miles de libros, devorado diálogos, tratados filosóficos, clásicos latinos, pero sin llegar a nada significativo. De adulto, vuelca en su hijo sus frustraciones de intelectual fracasado. Se complace en instruirlo y se enorgullece de su inteligencia, pero, mientras tanto, le construye una cárcel donde mantenerlo prisionero. Y así, Giacomo ama a su padre y al mismo tiempo lo odia. Se siente asfixiado.

> Quizá si alas tuviese
> para ir a las nubes
> y contar una a una las estrellas
> o, como el trueno, errar de cima en cima,
> sería más feliz, dulce rebaño,
> sería más feliz, cándida luna.

Recuerdo la primera vez que oí estos versos. Esa mañana, el profesor de Literatura recitó las últimas estrofas del *Canto nocturno de un pastor errante de Asia* y me quedé sin aliento. Hasta entonces nunca había prestado atención a este extraño poeta que me habían descrito como jorobado, feo y presa de un pesimismo deprimente. Aquella vez, sin embargo, ¡con qué potencia resonaron esas palabras en mi corazón de adolescente! Yo también deseaba tener alas para volar por encima de las nubes y huir, como aquel joven que quería escapar de su pueblo natal para conocer el mundo. Sentía, como el pastor del poema, «una espuela que casi me aguijonea», una sensación de inquietud, de febril espera. Era joven, soñaba con volar hacia el cielo. En aquel extraño poema había encontrado palabras y sonidos que habitaban lo más recóndito de mi alma. E incluso ahora, cada vez que tengo los *Cantos* en mis manos, me invade una sensación de euforia, como si, de alguna manera, me sintiera de nuevo en casa.

En busca del alma

Podéis abrir al azar una página de los *Cantos* o de los *Opúsculos morales* y sumergiros en la melancolía y atmósferas crepusculares pintadas por Leopardi. O podéis leer sus obras en orden cronológico y deteneros en la evolución de su estilo.

En los poemas de Leopardi siempre he visto la historia de un alma. Un camino, una metamorfosis tan apasionante que me parece similar a esos viajes aventureros de los héroes narrados en las sagas medievales. Viajes hechos de pruebas y obstáculos que superar, caídas, momentos de desesperación, sacrificios y renacimientos, donde el héroe se inmola y permanece colgado de un árbol durante nueve días y nueve noches para aprender el arte de la adivinación. Al fin y al cabo, la poesía es, en cierto modo, una forma de adivinación. El poeta interroga a la naturaleza, al presente, al pasado y al futuro; su intuición creadora tiene el sabor de un don divino. No es casualidad que en el siglo XIX el poeta ostentara el apelativo de «vidente», porque era el único que tenía la capacidad de ver más allá del mundo visible.

Siempre he visto un hilo que atraviesa *El infinito, El gorrión solitario* y *La retama*. Al igual que Teseo se orienta en el laberinto del Minotauro siguiendo el hilo que Ariadna ha desenrollado para él, yo también he ido en busca del alma de Leopardi siguiendo este hilo invisible.

Descubrí a este poeta a los quince años y me quedé encantada con su obra; desde entonces, he leído, releído y habitado la poesía de Leopardi en busca de *su* alma. Lo que he encontrado es la *historia* del alma, la del poeta, claro, pero también la mía, la nuestra.

En busca del infinito

Siempre caro me fue este yermo cerro
y este seto, que priva a la mirada
de tanto espacio del último horizonte.
Mas, sentado y contemplando, interminables
espacios más allá de aquellos, y sobrehumanos
silencios, y una quietud hondísima
en mi mente imagino. Tanta, que casi
el corazón se estremece. Y como oigo
el viento susurrar en la espesura,
voy comparando ese infinito silencio
con esta voz. Y me acuerdo de lo eterno,
y de las estaciones muertas, y de la presente
y viva, y de su música. Así que, entre esta
inmensidad, mi pensamiento anego,
y naufragar me es dulce en este mar.

Cuando leo *El infinito*, pienso en Leopardi y me lo imagino tumbado en el suelo, sobre su querida colina. Cualquiera que pasara a su lado tendría la impresión de que se trata de una especie de convaleciente. Mientras imagina el infinito, Leopardi ya no ve el árbol, ni el seto que tiene delante: su imaginación se proyecta hacia otro lugar lejano. En cierto momento, abre los ojos de golpe, como si se le hubiera aparecido, en toda su terrible potencia, Medusa, el horrible monstruo de la mitología griega dotado del poder de petrificar a los mortales con la mirada. No es casualidad que también la filosofía, en Leopardi estrechamente ligada a la poesía, naciera como «estupor y maravilla»;[3] al ver y oír cosas grandes y maravillosas, el alma se paraliza, enmudece, en un estado de *estupor*. Marejadas, tormentas de nieve, lluvias de lava, estrellas que implosionan, planetas que parecen danzar al ritmo de una melodía invisible. Y, de nuevo, espacios inmensos, donde el ojo ya no divisa el horizonte: la eternidad que Leopardi imagina es de una vastedad magnífica y terrible al mismo tiempo.

La mirada de Leopardi va más allá de todo lo que circunscribe su vista: él deja vagar su imaginación hasta figurarse «interminables espacios y sobrehumanos silencios». A pesar de su enfermedad, de la casi ceguera y su atroz soledad, el alma de Leopardi está colmada de entusiasmo, quiere romper el dique que lo separa de la gran incógnita del mar abierto, aguzar el oído para captar los silencios que lo habitan. La inmensidad a la que aspira, sin embargo, es demasiado grande para ser contenida en la mirada de un hombre: el corazón de Leopardi casi «se estremece» ante el infinito, el sentido de lo absoluto abruma su mente. Pero, al final, una sonrisa se dibuja en sus labios: «Naufragar me es dulce en este mar».

Cuando pienso en mi infancia, entre mis primeros recuerdos siempre está el agua: el agua del mar donde nadaba de niña, las caprichosas aguas que me lamían los pies mientras corría por la orilla, el agua de los arroyos de montaña. Remontaba el río tratando de adivinar de dónde venía esa agua y adónde iba. El agua también aparece a menudo en mis sueños, agua en la que me sumerjo, en la que me dejo llevar flotando, arrastrada por misteriosas corrientes. Por eso no me resulta difícil comprender por qué Leopardi eligió esta imagen de abandonarse al agua para expresar su sensación de tranquilo bienestar. En el simple acto de flotar hay un profundo misterio: es el momento en que las resistencias físicas y mentales caen, y mientras el cuerpo se deja acunar por el balanceo de las aguas, ligero, ingrávido, la mente recobra un estado de beatitud primordial, tal vez relacionado con la reminiscencia de flotar en las aguas del vientre materno.

«Naufragar» es una palabra curiosa. Para Leopardi, «naufragar» es dulce, es un perderse, un abandonarse, un dejarse llevar. Pero no es ceder a la derrota, sino perderse en algo más grande, oceánico, casi divino. El joven que se asoma por primera vez al mundo quiere perderse en algo más grande que él: una idea, un grupo, una comunidad. Va en busca de su propia identidad para encontrar su lugar en el mundo. El sentido de pertenencia o la fe pueden hacerte sentir parte de algo más grande que tú, pero a veces es simplemente la vida misma, en la que desde niños comenzamos a dar nuestros primeros pasos inciertos, la que parece similar a un océano, demasiado vasto y profundo para explorarlo y contenerlo de un vistazo. Por eso, también nuestro yo naufraga en esas inmensas aguas.

....

LEER POESÍA

Al comenzar a leer a Leopardi, hay que enfrentarse a palabras que no suenan sencillas al oído. Palabras arcaicas, misteriosas, pertenecientes a otra época, pero también capaces de transportarnos a «otro lugar» alejado de nuestra vida cotidiana. Sus poemas son como portales de acceso a otro mundo. Al igual que las conchas transmiten sonidos, reminiscencias, recuerdos lejanos del mar, las palabras del poeta reverberan emociones, significados, sensaciones que remiten a épocas y dimensiones del ser distantes de nosotros.

Cuando leemos una novela, podemos sentirnos tan absortos por la historia que ya no vemos letras, sílabas, líneas, sino personajes que hablan y actúan en el mundo. Y luego calles, árboles, ciudades que resuenan. Una buena historia tiene el poder de hacernos olvidar que estamos leyendo un texto y sumergirnos en él.

Con la poesía, en cambio, hay que adoptar otra forma de leer. Hay que detenerse en cada palabra, examinarla con la atención del arqueólogo que manipula una reliquia antigua y preciosa, pronunciarla en voz alta, incluso, para sentir el sabor que deja en los labios. Pero, sobre todo, hay que darse cuenta de que detrás de cada palabra se oculta un universo. Cada una de esas palabras encierra un conjunto de referencias y significados ocultos, como un velo que espera a ser descorrido. Al escribir *El infinito,* Leopardi emplea la palabra «naufragar», atribuyéndole un significado místico: del mismo modo que el creyente se pierde en la contemplación de Dios, así Leopardi se abandona a la contemplación del infinito. No volverá a utilizar esta palabra en ningún otro poema: nuevos estados de ánimo y nuevas emociones, igual de potentes, atravesarán su alma, pero esta palabra, en su singularidad, testimonia el abandono confiado y el ímpetu audaz que solo puede experimentar un adolescente que se asoma por primera vez a la vida.

....

Leopardi escribió *El infinito* a los veinte años y el *Canto nocturno de un pastor errante de Asia* a los treinta y dos; sin embargo, ambos poemas pertenecen al reino de la juventud. En *El infinito* está todo el ímpetu del adolescente que quiere traspasar los límites del mundo conocido. El mismo ímpetu y la misma sed de respuestas afloran en los labios del pastor, que dirige a la luna sus preguntas: «Dime, ¿adónde tiende / este vagar mío, tan breve, / y tu curso inmortal?».

[…] y cuando veo arder allá en el cielo las estrellas,
pensativo me digo:
«¿Para qué tantas estrellas?
¿Qué hace el aire infinito, la profunda
serenidad sin fin? ¿Qué significa esta
inmensa soledad? ¿Y yo, qué soy?».

«Y cuando observo las estrellas en el cielo, me pregunto: ¿para qué sirven tantas luces? ¿Con qué propósito existe el cielo infinito y ese profundo azul infinito? ¿Qué significa esta inmensidad en la que el hombre está solo? ¿Y yo qué soy?».

En estas preguntas está toda la ansiedad atormentada del joven que querría saber cuál es su lugar y su propósito en el mundo; pero también está el candor del niño que mira, observa, escucha y quiere saber el porqué de las cosas. El adulto, a estas alturas, ya no se pregunta por qué el cielo es tan azul o la luna tan brillante; es más, a menudo apaga la curiosidad natural del niño con sus «Cuando seas mayor, lo entenderás» o «Piensa en hacer los deberes ahora». Lo extraordinario de Leopardi reside en el hecho de que fue un niño durante toda su vida. Nunca dejó de cuestionarse el porqué de las cosas, sino que siempre continuó preguntándose: «¿qué hace el aire infinito, y ese profundo sereno infinito?».

Si *El infinito* termina con una nota dulcísima, con ese dulce naufragar, porque al joven le basta con sentir la inmensidad y perderse en ella, en el *Canto nocturno* Leopardi admite: «Adivinar no sé». Siente toda la extrañeza y el misterio de la vida y dice: «No conozco su sentido, no conozco la razón de esta "escalofriante simetría"», como la definiría el poeta William Blake. «No sé por qué el mundo está hecho así, no sé quién creó el tigre y el cervatillo, el mar y la luna, la salida y la puesta del sol, no sé por qué existe el hombre». Dentro y alrededor de nosotros hay infinitas sombras.

Como el pastor errante cantado por Leopardi, tampoco nosotros sabemos quiénes somos ni de dónde venimos. Nos rodea un universo misterioso e indiferente, y sin embargo, sentimos un deseo de vivir, el anhelo de saber, de conocer; la intensidad misma de este deseo nos desorienta, pero las respuestas que buscamos se nos escapan. Esta admisión es como cruzar un umbral, es el inicio de un viaje del alma; el adolescente deja atrás las certezas de la infancia para entrar en el reino de los quizás.

El arte de la soledad. El gorrión solitario

Desde la punta de la antigua torre,
gorrión solitario, a la campiña
vas cantando hasta que muere el día;
y por el valle vaga la armonía.
La primavera en torno
brilla en el aire y por los campos ríe,
sí, que enternece el corazón al verla.
Oyes balar rebaños, mugir toros;
los pájaros dichosos, en bandada,
mil veces giran por el cielo libre
y así festejan su tiempo mejor.
Tú miras pensativo a cada lado, solitario,
sin amigos, sin vuelos;
te falta la alegría, el gozo evitas;
cantas y así pasas del año
el tiempo más florido de tu vida.

Es un día de fiesta: de todas partes llegan sonidos de cantos y danzas, se oyen «balidos de rebaños, mugidos de toros». Pero, de repente, os fijáis en un gorrioncillo, posado en el campanario de una iglesia, que «mira pensativo a cada lado». No busca compañía, evita la alegría, huye de las diversiones.

Ese gorrión es Leopardi. «¡Ay, cuánto se parece tu costumbre a la mía!», escribe el poeta, que se ve reflejado en el gorrión solitario. Siente el encanto de la naturaleza, que le enternece el corazón, pero siente también que, por alguna razón, no puede participar en la alegría y los cantos que lo rodean.

Dejamos atrás a un joven que escruta el infinito y la luna lleno de preguntas e interrogantes, un joven que acaba de aventurarse a descubrir el mundo. En los relatos antiguos siempre hay un momento en que el héroe, elegido para cumplir una gran misión, advierte la enormidad de su tarea. Para emprender su viaje, Gilgamesh abandona su amada Uruk; fuera del redil acogedor de la ciudad experimenta hambre, frío, soledad. El héroe ha sido elegido por el destino, por la comunidad, o él mismo se ha ofrecido voluntario, pero en un momento dado se percata de que el viaje que ha emprendido lo ha transformado. En algunos cuentos, el héroe no es reconocido como tal y, por tanto, es un incomprendido, lo ridiculizan, se convierte en objeto de burla. En la tragedia griega *Las bacantes,* confunden al dios Dionisio con un demonio; en la mitología griega, en cambio, la profetisa Casandra, aun diciendo la verdad, está condenada a que no la crean nunca. Siempre hay un momento en que el héroe experimenta una profunda soledad. Ha emprendido su viaje y ya ha tomado distancia del común de los mortales, por lo que siente que ya no es uno de ellos.

Incluso en la vida sucede que el joven experimenta por primera vez esta desgarradora soledad, este sentimiento de exclusión. Tras la primera herida del alma, la naturaleza en fiesta parece excluirnos. Aunque quisiéramos, ya no podemos participar en la alegría general. Esta herida marca el final de la infancia, que es el reino de la despreocupación, «el reino donde nadie muere nunca». El alma que acaba de dejar atrás la infancia ya está llena de nostalgia. Pero, aunque quisiera, ya no puede volver a jugar con muñecas y juguetes.

Mientras «toda vestida de fiesta, la juventud del lugar, deja las casas, y por las calles se extiende», el poeta huye lejos, «casi ermitaño y extraño». Se mantiene al margen: la sociedad lo ha excluido porque no posee belleza, encanto o una conversación brillante. Leopardi es tímido, el mundo lo rechaza, no se preocupa por él, malinterpreta sus gestos. Pero para Leopardi, la soledad es una elección voluntaria.

«Si queremos entrar en la sociedad, debemos despojarnos de nuestras cualidades esenciales: libertad, independencia, igualdad»,[4] escribe Pietro Citati. Leopardi, en cambio, «era independiente de todos: de su padre, de su madre, de los liberales y de los reaccionarios, de la religión y de la irreligión, de lo temporal y de lo eterno. Hubiera preferido el hambre y la miseria a escribir algo en lo que no creía, junto a personas con las que no estaba de acuerdo».[5] Leopardi nunca quiso transigir. Sentía nostalgia por el mundo dorado y luminoso de la infancia, pero no intentaba enmascarar ante los demás ni ante sí mismo el abismo que ya lo separaba de esa edad de la inocencia.

No todo el mundo sabe que Leopardi no habla del gorrión común que vemos en nuestros jardines, sino de un pájaro más raro, de plumaje azulado, muy diferente de sus semejantes. Este gorrión, de hecho, vive solo, no en grupo: prefiere los lugares desiertos y rocosos, las canteras de piedra, las ruinas, los campanarios. Sin embargo, esta avecilla tan solitaria ha recibido un don de la naturaleza: un canto melodioso. Mientras los demás pájaros vuelan y parecen divertirse juntos, él es el único que canta, y sus notas se extienden por todo el valle. De su soledad nace una dulce melodía.

Hubo un momento que se me quedó grabado cuando visité la casa de Leopardi. Quise subir al monte Tabor, la colina de *El infinito*. Hoy la ocupa el monasterio de Santo Stefano, pero cuando Leopardi era joven, el cenobio estaba abandonado. «Siempre caro me fue este yermo cerro», escribió Leopardi. Casi parece un gran sillón natural: el respaldo son los montes Sibilinos; el asiento, las onduladas colinas de las Marcas, que se extienden hasta donde alcanza la vista. Leopardi iba allí en busca de paz y soledad.

Aquel día encontré un rinconcito bajo un árbol y me senté. Cuentan las antiguas leyendas budistas que Siddhartha encontró la iluminación sentado bajo un *ficus religioso*. San Agustín también solía leer y meditar bajo una higuera. El árbol encierra en sí la dualidad de carne y espíritu, de lo material y lo espiritual que habita en cada uno de nosotros. Las raíces del árbol se hunden en la tierra; la tierra es memoria, porque en la tierra descansan nuestros muertos, pero, al mismo tiempo, las ramas del árbol se elevan hacia el cielo, como si tuvieran sed de infinito.

En el azul del cielo revoloteaban nubes ligeras. Cerré los ojos y me quedé escuchando: una hoja que cae, el grito de los pájaros carpinteros, el susurro de los árboles... Me dejé embriagar por esos sonidos diminutos. Tuve la impresión de percibir cada hoja girando en el aire, y mientras el viento mecía los tilos trayendo consigo el aroma a bosque, me sentí muy ligera, tanto como para poder vagar por el cielo persiguiendo esas nubes que jugaban a pillarse. Recuerdo haber tenido la sensación de que, si hubiera hecho un pequeño esfuerzo, podría entenderlo todo. La soledad de aquel momento fue perfecta, como un fruto dulcísimo que me había embriagado con su sabor.

Hasta que de repente todo desapareció: los árboles, las montañas, las colinas... Solo quedó el sonido del viento, como un estruendo que lo devora todo. Abrí los ojos, observé el cielo frente a mí y me estremecí, pensando en todos los viajeros que a lo largo de los siglos habían pasado por aquí y habían visto este mismo cielo, de un azul turquesa. Y por un momento tuve la impresión de tocarlo, de verlo de verdad, ese infinito del que hablaba Leopardi.

Cuando pienso en aquel día, lo primero que me viene a la mente no es el encantador pueblo de Recanati ni la biblioteca de Leopardi, sino aquel momento bajo el árbol, con las hojas verdes contra el cielo azul, la brisa ligera, el canto de un gorrión a lo lejos y la sensación de que en ese lugar moraba la felicidad, la fuente de la vida.

Muerte y renacimiento

El héroe aceptó la llamada, cruzó el umbral que separa el mundo ordinario del extraordinario, pero el viaje que emprendió no lo condujo adonde esperaba. Aquel muchacho que soñaba con el infinito, que lloraba leyendo sobre la amistad heroica entre Aquiles y Patroclo, que sentía y amaba tan intensamente, recibió a cambio de esta sobreabundancia de sentimientos la soledad, el desprecio, la incomprensión del mundo. Ninguna de las promesas de su infancia se cumplió. Interrogó a la naturaleza en busca del infinito, descorrió el velo, pero en lugar de un océano de eternidad habitado por la belleza, la música y la poesía, encontró un desierto yermo, cárstico, alienante. Se mueve entre visiones cuyo fin no comprende.

> Ya a punto de morir, a los inexorables
> dioses y al averno acusa,
> y con feroces notas
> en vano el aire somnoliento golpea.

Leopardi confía a Bruto la tarea de expresar su rabia por un mundo que lo ha traicionado. Preguntas ásperas, teñidas de sarcasmo, brotan de los labios de Bruto, que acusa y maldice a los dioses y con sus «feroces notas» golpea el aire. Su ejército ha sido derrotado, su sueño de restaurar la República se ha hecho añicos. Nada ha salido como debía, el destino se ha burlado de él, pero en lugar de doblegarse ante las fuerzas que lo han condenado a la derrota, dirige contra sí mismo su espada y «maligno a las negras sombras sonríe». Es el momento del «gran rechazo» que el *Bruto menor,* compuesto en diciembre de 1821, expresa magníficamente. El alma herida y traicionada rechaza la vida.

El «gran rechazo» es también un rito de paso. El niño lleno de sueños y candor, cuando intuye por primera vez las asperezas de la vida, cuando descubre que las reglas de sus padres y las leyes de la sociedad son imperfectas, cuando se da cuenta de que los adultos no son depositarios de una sabiduría infinita, se transforma en un joven rabioso. Se pone la máscara de la burla, comete actos vandálicos, deja de escuchar a sus padres, se vuelve conflictivo y agresivo con la autoridad. Como Bruto, dirige contra sí mismo su ira. Pero el alma que ha probado la decepción, la pérdida, el fracaso, puede cruzar el umbral del gran rechazo a cualquier edad. A la muerte de su amado Patroclo, Aquiles se mancha la cabeza con polvo y ceniza, se arranca el pelo, llora y maldice a los dioses.

Esta rabia precede al momento en que el alma atraviesa el «valle de la desesperación». Cuando la rabia se extingue, cuando el cuerpo del odiado Héctor yace destrozado a los pies de nuestra tienda, ya no hay nadie a quien acusar o maldecir, y la vida ya no parece digna de ser vivida. Pero incluso la desesperación está destinada a atenuarse y finalmente a desaparecer. La sangre se enfría, el corazón pierde su latido, la noche se oscurece, las estrellas se apagan. Este es el momento más peligroso para el alma: es el momento del cese del dolor, de la rendición, de la apatía.

Esta noche quieta, inmóvil, en la que todo calla, está en la vida de todo hombre. Los sueños de juventud parecen ya lejanos, el alma ha luchado, llorado, sufrido; se ha desesperado, pero ahora incluso las lágrimas han cesado. La vida ha exigido un precio demasiado alto: los sueños de juventud se han hecho añicos, las esperanzas se han depositado en falso. Entonces, el alma se encierra en su caparazón, contempla el invierno que la envuelve, abraza la escarcha; es fría, granítica e imperturbable, porque ya no proyecta, ya no sueña, ya no espera nada.

Los años que van de 1824 a 1828 representan para Leopardi la noche del alma. En otoño de 1822 obtiene por fin el permiso de su padre para dejar Recanati y visitar Roma. Sin embargo, la Ciudad Eterna le parece sórdida, muy diferente de la Roma con la que había soñado y sobre la que había leído. Los intelectuales romanos son arrogantes, aburridos, todos ocupados con sus intrigas palaciegas, sus rencillas.

En Roma, Leopardi está más solo que nunca. Cuando se traslada a Milán, invitado por el editor Antonio Fortunato Stella, para encargarse de una colección de obras de Cicerón, solo permanece allí dos meses. Regresa a Bolonia, la única ciudad donde se sintió acogido, querido tal vez. Allí se enamora de la condesa Teresa Carniani Malvezzi. Se imagina que puede mantener una amistad platónica con esta noble de origen florentino que le saca trece años. Le habla de historia, poesía, literatura; vierte en estas apasionadas conversaciones su deseo, nunca saciado, de ser comprendido. Pero el marido de la condesa es demasiado celoso, y ella no está dispuesta a corresponderle. Afectado por un agravamiento de su problema de vista, se ve obligado a rescindir el contrato con su editor.

Disgustos y decepciones atraviesan su alma, dejando en ella una huella profunda. Ya no compone, ya no se interesa por nada. La naturaleza, las estrellas y la luna están mudas ante sus ojos, ya no le suscitan suspiros, estremecimientos o recuerdos. La poesía se ha extinguido ya en Leopardi, pero no sus ganas de escribir.

De esta época datan los *Opúsculos morales*. Su lenguaje es claro, lógico, preciso, pero carente de aquel impulso poético, de aquellos estremecimientos y turbaciones que en el pasado habían atravesado su alma. Leopardi diserta, amonesta, usa la ironía para demoler los sueños que agitan el corazón de los hombres, compadece a los necios que persiguen la felicidad. Adopta las poses del maestro que seduce a sus alumnos con su ingenio.

Esta frialdad cristalina seduce al alma que ha sobrevivido al valle de la desesperación. El joven ha renegado de la revolución que soñaba de niño y ahora se burla de los sueños de los enamorados. El creyente ha perdido la fe y se ha convertido en paladín del ateísmo. Hay una edad en la vida en la que el alma se pone la máscara del cinismo y habita una casa desnuda, desprovista de adornos y comodidades, pero se siente segura en su castillo-fortaleza: ningún sentimiento, ninguna emoción, ninguna esperanza perturban su tranquilidad. «He sufrido tanto, he padecido tanto», dice su alma: «Ya no quiero creer ni esperar nada. Si no amo, no siento, no espero, no tendré que sufrir más».

Yací: insensato, atónito,
no supliqué consuelo:
casi perdido y muerto,
el pecho se rindió.

De repente, sin embargo, el alma de Leopardi despierta de su sopor. El lunes de Pascua de 1828, Leopardi tiene su resurrección. El joven Adonis muere desangrado en brazos de Afrodita para luego volver a la vida. La diosa Isis recompone los fragmentos de su esposo Osiris y el dios vuelve a la vida, al igual que la tierra, atrapada en las garras del invierno, vuelve a florecer. Estos antiguos mitos representan la permanencia cíclica de las estaciones, pero también el ciclo de la muerte y el renacimiento del alma. En los cuentos de hadas, el héroe atraviesa el valle de la desesperación, pero sale de él transformado.

¿Quién de la grave, incólume
paz me despierta ahora?

99

¿Qué virtud nueva es esta,
esta que siento en mí?
Movimientos, imágenes, latidos,
dulces yerros, ¿para ellos cerrado
mi corazón está?

¿Sois acaso la única
luz de la vida mía,
los afectos perdidos
en la edad juvenil?
Si el cielo, o verdes márgenes,
dondequiera que mire,
todo, dolor me inspira,
todo, placer me da.

Bosques, playas, montículos
conmigo a vivir tornan;
con el mar y la fuente
habla mi corazón.
¿Qué me torna las lágrimas
después de tanto olvido?
¿Cómo el mundo aparece
cambiado a mi mirar?

En *El resurgimiento,* una tonada de veinte estrofas, Leopardi cuenta su primavera. El alma se despierta como después de un largo sueño. Vuelven a vivir la lluvia, el bosque, el monte, el mar. La imaginación recobra su cuerpo. El corazón se despierta y palpita de nuevo. El río seco vuelve a fluir con nuevas aguas, nuevas lágrimas. Leopardi se reapropia de sus emociones; la risa cínica e indiferente deja paso a un llanto que, sin embargo, no es desesperado, rabioso, sino dulcísimo, lleno de emoción, porque al fin el alma ha recuperado la capacidad de sentir. ¿Cómo se ha producido este milagro? Los recuerdos, «los afectos perdidos», las remembranzas abren al poeta el acceso al mundo de las emociones.

La virtud «nueva» que lo despierta de la «grave, incólume paz» es el sentimiento. En apariencia, nada ha cambiado. La naturaleza sigue siendo «sorda» y no tiene compasión de los hombres; la vida es igualmente áspera, un laberinto de espejos donde la razón avanza a tientas, pero el alma extrae fuerza de las emociones.

> De ti ese aliento último,
> corazón, de ti el fuego,
> y todo mi consuelo
> solo viene de ti.

En un mundo incomprensible, Leopardi comprende que el único consuelo procede del corazón, de la capacidad de sentir, recordar y amar. Redescubre su vocación de poeta. La sensibilidad es la materia que alimenta su poesía, pero es también su única razón de vivir. Un siglo más tarde, Chéjov dirá lo mismo, aunque con otras palabras, en ese cuento extraordinario que es *El pabellón número seis*.

> Solo sé que Dios me ha dotado de sangre caliente y de nervios. ¡Sí! Y un tejido orgánico, si tiene vida, debe reaccionar a cualquier estímulo. ¡Y yo reacciono! Al dolor respondo con un grito y lágrimas; a la ruindad, con indignación; a la bajeza, con asco. En mi opinión, eso es lo que se llama vida. [...] Para despreciar el sufrimiento, estar siempre satisfecho y no sorprenderse de nada habría que llegar a ese estado —e Iván Dmítrich [el joven recluido en un manicomio de *El pabellón número seis*] señaló al *mujik* gordo, repleto de grasa [un hombre sin habla]—, o endurecerse, a base de sufrimientos, hasta el punto de perder cualquier sensibilidad; o dicho con otras palabras, dejar de vivir.[6]

Tanto Leopardi como Chéjov asocian la sensibilidad a la vida. El hombre que pierde la capacidad de sentir, y en consecuencia también de sufrir, deja de vivir; vaga en una quietud parecida a un sepulcro, donde el alma está en una condición de muerte en vida. El lunes de Pascua, Leopardi redescubre el llanto, los latidos, la emoción, renace a la vida. Esta resurrección abre la temporada de los «grandes cantos» de Pisa y Recanati.

Las remembranzas. La recuperación de la memoria

Hay un momento en *Orlando furioso* en que el héroe atraviesa el valle de la desesperación. Cuando Orlando descubre que su querida Angélica ama a otro, al humilde Medoro, el héroe experimenta «el gran rechazo»: niega la realidad, no la acepta, se entrega a la rabia que «hiere el adormido viento», como había hecho Bruto. Cegado por la ira, descarga su indignación contra los árboles y el río, destruye el claro que había dado cobijo a los dos amantes. Al final, exhausto, se arroja al suelo y clava su mirada en el cielo. Durante tres días y tres noches yace inmóvil como un cadáver, sin comer ni dormir. Sufre un dolor que lo enmudece y atonta, que apaga los latidos de su corazón. Finalmente, pierde por completo la razón.

Se desprende de las mallas y las placas de su armadura. Tira al suelo el yelmo, el escudo y la espada. Se desgarra la ropa y vaga por el bosque sin rumbo, destruyendo lo que encuentra a su paso. En su locura, Orlando ha olvidado quién es, ha perdido la memoria de quién era. El bueno de Astolfo va a la luna para recuperar el juicio perdido de Orlando; la luna, de hecho, es el lugar donde se guardan las cosas perdidas, extraviadas. Creo que perdido también puede significar olvidado. El alma renace cuando recupera la memoria. Existe un vínculo muy estrecho entre memoria y curación, y el renacimiento de Leopardi también pasa por la recuperación de la memoria.

Silvia, ¿recuerdas todavía
aquel tiempo de tu vida mortal,
cuando brillaba la belleza
en tus ojos risueños, fugitivos,
y tú cruzabas pensativa, alegre,
el umbral de la juventud?

Leopardi nos cuenta que se apartaba de sus sudorosos papeles para prestar oído «al sonido de tu voz, y a la mano veloz que recorría la fatigosa tela». Teresa Fattorini, la Silvia cantada por Leopardi, murió con apenas veintiún años, consumida por la tisis. Gracias a estos versos, la humilde tejedora de Recanati adquiere la nobleza trágica de una heroína griega.

Antes de que el invierno marchitase el prado,
morías, tierno amor, arrebatada
por extraña dolencia. Y ni pudiste
ver la flor de tus años.

El recuerdo de sus ojos «risueños y huidizos» quedó grabado en su mente, como por obra de un hierro al rojo vivo. La tierna muchacha-flor se mece en la memoria de Leopardi y en abril de 1828 abre el fluir de la memoria. La belleza de Silvia conmueve su alma.

«La belleza salvará al mundo», escribió Fiódor Dostoievski en *El idiota*. Esta célebre máxima suele citarse de manera errónea. Estas palabras no son un simple homenaje a la belleza. La belleza de la que habla Dostoievski no es la belleza física, armónica e ideal que hemos heredado de la cultura griega, ni tampoco se refiere a un canon estético particular. Es el concepto mismo de belleza, la percepción de la belleza lo que Dostoievski celebra, porque «donde hay belleza —escribe Vladimir Nabokov— también hay compasión, por la sencilla razón de que la belleza debe morir».[7] La belleza siempre tiene el poder de conmover. Cada momento puede ser el último para nosotros, porque somos mortales. Cuando contemplamos un amanecer reflejado en las aguas del mar, cuando vemos en el rostro de un hombre, de una mujer o de un niño una belleza que nos atrae, percibimos la cualidad dolorosa de esa belleza. En realidad, cada rostro, incluso el más banal, encierra en sí algo profundamente bello, tiene una cualidad única, irrepetible, que nunca volverá a representarse. Incluso en un mosquito o en un ratón de campo está la belleza de la vida, que palpita y arde contra las fuerzas que quisieran aniquilarla.

El artista lo es porque logra captar esa chispa frágil y delicada, pero tan obstinadamente tenaz que anima el mundo que lo rodea; y la capta también en una simple brizna de hierba, en los rostros que observa.

El alma, tras haber atravesado el rechazo, la negación, la desesperación, la atonía de los miembros, la indiferencia del corazón, está preparada para la compasión. En latín, la palabra *compassio* está formada a partir del verbo *patior*, 'sufrir', y *cum*, 'con', y significa literalmente 'sufrir con'. Este «sentir con» es la máxima expresión del vivir. El hombre se salva por su propia compasión y, a través de ella, escapa de la prisión solitaria de su alma para identificarse con los demás: ya no está solo.

«La retama»: la madurez

Aquí, sobre el árido lomo
del formidable monte,
exterminador Vesubio
al que ni flor ni árbol alegra,
tus matorrales solitarios en torno esparces,

olorosa retama,
contenta de los desiertos.

En las laderas del Vesubio, entre campos sembrados de «infecundas cenizas» y lava, crece la retama. La retama se «contenta con los desiertos» y no arremete furibunda contra su destino, no se desespera, no suplica, no se ilusiona. Acepta con tranquilidad el mundo tal como es. La retama es *flexible,* se abandona suavemente al fluir de las cosas. Leopardi también había hablado de abandono en *El Infinito,* de que «naufragar me es dulce en este mar». El alma del niño que contempla el infinito quiere perderse en las vastas aguas de la vida con el ímpetu intuitivo y confiado del joven; la retama también cede, se abandona, pero la suya es una entrega consciente.

En los cuentos de hadas, el viaje del héroe concluye siempre con el regreso a casa. El reino se ha salvado, los enemigos han sido derrotados, la búsqueda ha terminado. El héroe ha sufrido, ha atravesado selvas oscuras y, a cambio, ha obtenido una comprensión más profunda de las cosas. Cuando Gilgamesh comienza su periplo, busca la inmortalidad. Viaja por todas partes en busca del oráculo Utnapishtim; va a la caza de secretos divinos, busca el infinito, quiere apoderarse de él, triunfar sobre el tiempo y el espacio.

Sin embargo, la respuesta del oráculo echa por tierra las esperanzas de Gilgamesh. El hombre, le dice, no está hecho para comprender los secretos divinos ni para triunfar sobre la muerte. Pero el héroe es obstinado y, al final, el oráculo le revela la existencia de una planta mágica que concede la inmortalidad. Gilgamesh se apodera de ella, pero durante el viaje de vuelta, mientras está distraído, una serpiente se come la flor mágica. Gilgamesh acepta entonces su destino de mortal y regresa a Uruk. De Uruk había partido un joven que temía la muerte, pero regresa un hombre que acepta su condición de mortal.

La retama, con su tranquilidad y flexibilidad, encierra la sabiduría del alma que, completado su viaje, ha entrado en la edad de la conciencia y la comprensión. Al hombre, en cambio, dice Leopardi, le gusta «fabular». Se burla y desprecia a aquellos que le hablan con franqueza, condena al olvido a todas las Casandras, desoídas porque los hombres prefieren dar crédito a quienes los ilusionan. Casandra, princesa troyana con el don de la clarividencia, a pesar de la veracidad de sus profecías, es objeto de burla porque profetiza acontecimientos luctuosos. El dios Apolo, rechazado por Casandra, la castiga privándola precisamente del don de la persuasión. Opuesta a Casandra es Clitemnestra, una hábil oradora; sus discursos, aunque falsos, resultan persuasivos en extremo porque, a diferencia de Casandra, conoce a los hombres. Las Clitemnestras de ayer y de hoy alimentan los sueños y las esperanzas del hombre, apelando a sus deseos más profundos.

El hombre, dice Leopardi, llama «magnánimo» a quien «eleva a los astros el mortal grado», a quien eleva por encima de las estrellas la condición mortal, burlándose con astucia de los demás o de sí mismo, cayendo en la trampa del autoengaño. La sabiduría de Casandra es rechazada precisamente porque revela a los hombres aquellas verdades que no son agradables de oír.

La verdad te disgusta
del ínfimo lugar y áspera suerte
que natura te dio.

Leopardi, en cambio, persigue la verdad. La verdad que quiere revelar a los hombres es amarga, pero también necesaria. Es noble quien, con «franca lengua, sin amenguar lo cierto», «lo muestra sin vergüenza y lo nombra / hablando abiertamente». Estas palabras, «franca lengua» y «abiertamente», son fundamentales para entender por completo a

Leopardi. Podemos entender *La retama* como un camino de curación que Leopardi auspicia para la humanidad: desde la soberbia que hace creer al hombre que es el centro, el ombligo del universo, el alma debe transmutarse en la comprensión de la verdad. Esta es la clave para vivir heroicamente, con nobleza. Gran parte del sufrimiento humano, en cambio, proviene de envenenar lo que es con lo que *debería ser*.

> [...] cree confederados a los hombres, los estima,
> y a todos los abraza
> con verdadero amor, y les ofrece
> válida, pronta ayuda
> en los peligros y en las angustias
> de la guerra común. Y a las ofensas
> del hombre, armar la diestra y poner trampas
> al vecino, estorbos,
> tan necio le parece [...],
> y justicia y piedad otra raíz
> tendrán, y no las fábulas soberbias.

Los hombres, continúa Leopardi, están confederados, son «hermanos» en la desgracia; solo quien comprende las asperezas de la vida, quien logra soportar las injusticias y los dolores que «la carne hereda», será capaz de tener compasión por sus semejantes, abrazar a todos con amor sincero, ofrecer ayuda y socorro a los que sufren. Tiene claro lo frágil y espantosamente incierta que es la vida, por eso juzga insensato armarse para ofender a los demás, tenderles trampas, poner obstáculos al prójimo, hacerse la guerra unos a otros. Lo que había agitado el corazón de Leopardi al evocar el recuerdo de Silvia era una compasión intuitiva, instintiva, mientras que en *La retama* Leopardi alcanza un entendimiento más amplio de la compasión:

Donde tú, flor gentil, brotas y, casi
compadecida con los daños ajenos, envías
a los cielos dulcísimo perfume
que al desierto consuela.

La retama nace en suelos áridos e infecundos, en «tristes
lugares», crece entre asperezas y ruinas, y sin embargo, espar-
ce en el aire un perfume muy dulce, «casi compadeciendo
los daños ajenos». La retama es el símbolo del alma que se ha
templado en el dolor y que no ha sido quebrada ni vencida:
al contrario, el sufrimiento ha aguzado sus percepciones, le
ha dado una comprensión más amplia del dolor, y de esta
comprensión nace su compasión.

A menudo se ha tachado a Leopardi de pesimista. La
idea del pesimismo leopardiano es, en realidad, una jaula
que circunscribe el pensamiento del poeta, atrapándolo en
un espacio distorsionado por nuestros prejuicios. A menudo
calificamos de tristes y pesimistas a aquellos que simplemente echan una mirada desencantada y honesta a la realidad.

¿Hay sufrimiento en la vida? Ciertamente, Leopardi habla del sufrimiento de la espera, de las esperanzas traiciona-
das, de los sueños rotos, de las melancolías del alma. Leopardi cuenta la vida. No una versión edulcorada, divertida:
muestra la vida tal como es. Leopardi no miente, no se pone
la máscara del moralista, no vende ilusiones. Leopardi es el
poeta que luchó toda su vida por mantener unidas la verdad
y la belleza.

El final del viaje

Leopardi escribió *La retama* en 1836, un año antes de su
muerte. Fue su penúltima lírica, su «canto del cisne». Pasó sus
últimos años en Nápoles, en compañía de su amigo Antonio
Ranieri. El joven napolitano sin blanca exiliado del Reino

de las Dos Sicilias y Leopardi se conocieron en Florencia en 1830. El treintañero huido de Recanati, sediento de afecto y reconocimiento, queda fascinado por la extraordinaria vitalidad de aquel joven rubio, alto, ingenioso y apuesto, por el *savoir faire* con el que se mueve entre charlas, salones y encuentros galantes. Ranieri, a su vez, admira el ingenio de Leopardi, le ofrece ayuda y solidaridad, lo acoge en su propia casa. Los une una amistad impetuosa y llena de afecto, atestiguada por una nutrida correspondencia. Leopardi escribe a menudo a su amigo, lamenta su ausencia; cuando está lejos, añora su espíritu alegre que, en sus últimos años de vida, se convierte en su consuelo. Y, al final, Ranieri lo convence para que vaya a Nápoles. El clima benigno de la ciudad reconforta a Leopardi y parece beneficiar su salud.

Observa las laderas del Vesubio; se llena los ojos del azul resplandeciente del cielo, de los amaneceres, los atardeceres. A menudo disfruta de paseos. Como todos los grandes pensadores, encuentra estimulante el simple acto de caminar; deja vagar sus pensamientos mientras se abandona al movimiento. Con su viejo abrigo, deambula por las calles de Nápoles, observa a la gente, llena sus oídos con la melodía de los callejones, de sus músicos ambulantes, de su bullicio. A veces se detiene en una librería; escribe poco en aquellos años, pero no ha perdido el amor por los libros. Las paradas ineludibles en su deambular son los cafés y las pastelerías, donde devora sorbetes, empanadillas de hojaldre, helados, granizados y *cassate*.

En los últimos meses de su vida, Leopardi se recogió en sí mismo, en sus libros, como en una isla encantada, en una alcoba amortiguada, contemplando el frenético fluir de la vida con una dulzura inusitada, mientras su alma se preparaba para emprender su último viaje. Murió la noche del 14 de junio, cuando aún no había cumplido los treinta y nueve años, en brazos de su amigo Ranieri: «Déjame ver la luz», lo exhortó con un susurro,[8] poco antes de morir. Y luego, con un lento suspiro, le murmuró: «Adiós Totonno, ya no veo la luz».[9]

Si os interesan más las ideas que los sentimientos, si buscáis certezas, verdades edificantes y discretas sobre la naturaleza humana, manteneos alejados de Leopardi. No encontraréis una linealidad en sus poemas. El alma del poeta avanza, se acelera y, luego, de repente, se detiene. Atraviesa momentos de inspiración, caídas ruinosas, resurrecciones. En Leopardi no hay un gran sistema, un andamiaje racional, fijo e inmutable que, como una forma geométrica grande y perfecta, pueda explicar y circunscribir su poesía.

Es el sentimiento, siempre mutable y cambiante, el que habita los poemas de Leopardi, el que los hace brillar. Como una gota de agua arrojada sobre una placa caliente, Leopardi se mueve en muchas direcciones diferentes, siguiendo sus estados de ánimo, los movimientos de su corazón. Es el niño que se pregunta el porqué de las cosas y quiere ahogarse en el infinito, el adolescente rabioso que maldice a los dioses, el cínico que estima la muerte como el mayor bien para el hombre. Y al momento siguiente vuelve a ser el joven que se entrega a remembranzas y llora la prematura muerte de su amada Silvia. El lector que prefiera la mutabilidad cambiante de las aguas y la inmensidad líquida de los océanos a la estabilidad de la tierra firme encontrará en Leopardi un hogar que habitar.

El eterno poder de la palabra

George Orwell

Leí por primera vez *1984* a los veinticinco años. Acababa de terminar la universidad y volvía de un largo maratón de clásicos rusos. Buscaba algo igual de profundo y visionario que me diera nuevas palabras para expresar la inquietud que sentía en mi interior. Recuerdo que una mañana fui a la librería y compré una edición de bolsillo de *1984*. Lo leí en cuatro días, pero mis expectativas iniciales se vieron defraudadas. No encontré en esta novela esa maravillosa euforia que me habían regalado los clásicos rusos; al contrario, la lectura de *1984* me había producido una sensación de claustrofobia.

Pensando ahora en aquellas impresiones, me he acordado de un episodio ocurrido recientemente en la Universidad de Northampton.[1] La universidad desaconsejó a los estudiantes la lectura de *1984* porque contiene material «que podría ser desconcertante y peligroso». No es la primera vez que un libro se califica de «peligroso». Ocurrió con *El Gran Gatsby,* con *Lolita,* con los *Opúsculos morales* de Leopardi, que fue incluido en el índice por la Iglesia católica. Ocurrió con *El amante de Lady Chatterley* y con el poemario *Las flores del mal* de Baudelaire. A lo largo de la historia se han juzgado muchas novelas, acusadas de ser subversivas, peligrosas, inmorales. Con *1984,* sin embargo, ocurrió algo diferente. Por primera vez se desaconsejó una novela, no porque atentara

111

contra la moral, sino porque podía suscitar emociones desagradables en los lectores.

Pero ¿de qué trata *1984*? De un Ministerio de la Verdad. De un pueblo controlado por el miedo y un Gran Hermano que le dice a la gente lo que tiene que pensar. De un mundo, donde «la guerra es la paz» y «la ignorancia es la fuerza», dividido en tres grandes naciones, Oceanía, Eurasia y Asia Oriental, perpetuamente en guerra entre sí. Es decir, Orwell imaginó una sociedad distópica donde la vida de las personas está controlada por la Policía del Pensamiento, una organización paramilitar que tiene la única tarea de asegurarse de que las personas no hagan ni piensen nada que se aleje de la ideología del Partido, el único organismo político existente. A la cabeza del Partido está el Gran Hermano, un líder absoluto e indiscutible que tiene poder de vida y muerte sobre los ciudadanos. La historia sigue las vicisitudes de Winston Smith, un empleado raso del Partido que, sin embargo, siente que hay algo profundamente equivocado en la sociedad y en el mismo Partido.

Con estas premisas, os resultará fácil imaginar que *1984* no es una lectura alegre ni divertida. No lo es en absoluto. ¿Es amena la lectura de *Si esto es un hombre,* de Primo Levi? ¿Es entretenido el *Diario* de Ana Frank? ¿Es el *Archipiélago Gulag* de Solzhenitsin una lectura divertida? No lo son, y no tienen por qué serlo, pues su propósito no es suscitar emociones positivas, sino dar voz al dolor, a la rabia, a la protesta que brotó de quien experimentó «lo incomprensible» y sobrevivió.

Para entender *1984*, para dar sentido a la despiadada angustia que lo habita, primero hay que comprender cómo y por qué fue escrito. Orwell pertenece a esa categoría de autores que en sus obras entrelazan demasiado estrechamente el arte, la reflexión histórica y la política como para desenmarañarlas en busca de peculiaridades estéticas. Incluso antes que escritor, Orwell fue historiador de su tiempo; cronista del momento, observador de un siglo, testigo del fin de un milenio. Es el hombre que presenció la toma del poder por Hitler en Europa y el sometimiento de Rusia bajo el dominio de Stalin, y en sus libros hace precisamente eso: da testimonio de la despiadada persecución de la libertad llevada a cabo por el nazismo en Europa y por el comunismo en Rusia, de la desolación de las poblaciones esclavizadas por «guerras interminables e inanición sin fin para financiar la guerra».

Nacido en la India en 1903 (y fallecido en 1950 en Londres), hijo de un funcionario de la administración británica, se alistó, por insistencia de su padre, en la policía imperial de Birmania, pero pronto dimitió y abandonó su puesto, asqueado por la explotación que los británicos practicaban contra la población local. Se trasladó a Londres y empezó a pasar tiempo en compañía de las clases sociales más desfavorecidas. Imaginemos a este joven escritor, nacido y crecido en la India, educado en el prestigioso Eton College, hijo de la pequeña burguesía británica, que una vez de vuelta en su patria se pasea por barrios de mala reputación, llevando ropa harapienta a modo de disfraz. ¿Qué buscaba? Orwell interrogó a mineros, obreros, se adentró en el campo azotado por la depresión económica, y de este material sacó dos obras de no ficción, *Sin blanca en París y Londres* y *El camino a Wigan Pier,* y la novela *Que no muera la aspidistra,* en la que cuenta la historia de un aspirante a escritor sumido en la pobreza, *alter ego* de Orwell, que lucha contra las veleidades y la moral de la vida burguesa.

Al estallar la guerra civil española, se alistó en las tropas de los combatientes que se oponían a la dictadura de Franco. Herido en la garganta por un francotirador, se vio obligado a regresar a Inglaterra y publicó otro libro, *Homenaje a Cataluña,* unas memorias en las que Orwell celebró la Resistencia sin silenciar la crudeza de la guerra y la piadosa ingenuidad de los combatientes españoles seducidos por el estalinismo.

Las balas hieren, los cadáveres apestan, los hombres están tan asustados que se mojan los pantalones. [...] La gente olvida que un soldado destacado en el frente o en los alrededores suele estar demasiado hambriento, o asustado, o helado, o —por encima de todo— demasiado cansado para preocuparse por las causas políticas de la guerra. Pero las leyes de la naturaleza son tan implacables para los ejércitos «rojos» como para los «blancos». Un piojo es un piojo y una bomba es una bomba, por muy justa que sea la causa por la que se combate.[2]

Antifascista y anticomunista, el de Orwell es el retrato de un intelectual disidente, que lucha contra el imperialismo británico y las élites burguesas y, al mismo tiempo, contra los intelectuales que simpatizan con el comunismo y que, oponiéndose a Hitler, cierran los ojos ante los horrores perpetrados por Stalin. En *Rebelión en la granja,* publicada en 1945, Orwell se sirve del género de la fábula para escribir una sátira de la Revolución rusa y el comunismo soviético. Algunos animales se rebelan contra el granjero liderados por tres cerdos, el Viejo Mayor, Napoleón y Snowball, y establecen una nueva sociedad igualitaria que debería garantizar bienestar, paz e igualdad para todos. Sin embargo, en la sociedad ideal creada por los animales de la granja no tardan en instaurarse de nuevo jerarquías de poder, porque, si es cierto que todos los animales son iguales, algunos «son más iguales que otros».

En los últimos años de su vida, cuando su estado de salud se deterioró, Orwell se refugió en la tranquilidad de Jura, una pequeña isla de las Hébridas, para escribir *1984,* su última novela, en la que resume la experiencia de un mundo perpetuamente en guerra, aplastado por las clases dominantes, privado de las libertades más fundamentales, en un fresco novelesco que, según las intenciones del escritor, es a la vez un testimonio y una advertencia para las generaciones futuras.

Leyendo *1984* sentiréis una sensación de claustrofobia, como os decía, os sentiréis asfixiados por la sociedad privada de toda libertad descrita por Orwell, pero también sentiréis algo más. No es exactamente un sentimiento positivo, pero es uno poderoso: la rebelión.

Una de las páginas más inquietantes de esta novela es la de los «Dos Minutos de Odio». En el mundo de Orwell, el Partido ha institucionalizado la ira. Cada día, la gente tiene derecho a sus Dos Minutos de Odio contra Goldstein, el legendario enemigo del pueblo. Una de las cosas sorprendentes es que, en realidad, nadie sabe quién es Goldstein, qué ha hecho, por qué hay que odiarlo. Pero todo el mundo lo odia, y les encanta odiarlo, porque Goldstein es la víctima designada de su odio.

Un instante después la telepantalla del fondo de la sala emitió un chirrido estridente y desagradable, como el de una gigantesca máquina sin engrasar. Era un ruido que ponía los pelos de punta y hacía rechinar los dientes. Había empezado el Odio.[3]

Cada vez que releo este pasaje, no puedo evitar sentir una impaciencia íntima, como si algo dentro de mí se rebelara.

En el segundo minuto el Odio se convirtió en frenesí. La gente daba saltos en los asientos y chillaba a voz en grito en un esfuerzo por acallar los desquiciantes balidos de la pantalla. [...] Lo más horrible de los Dos Minutos de Odio no era que la participación fuese obligatoria, sino que era imposible no participar. Al cabo de treinta segundos, se hacía innecesario fingir. Un espantoso éxtasis de temor y afán de venganza, unos deseos de asesinar, torturar y aplastar caras con un mazo parecían recorrer a todo el mundo como una corriente eléctrica, y lo convertían a uno, incluso en contra de su voluntad, en un loco furioso. Y, no obstante, la rabia que se sentía era una emoción abstracta y carente de finalidad que podía dirigirse de un objeto a otro como la llama de un soplete. [...] Y poco después volvía a estar de acuerdo con la gente que le rodeaba y todo lo que se decía de Goldstein le parecía cierto. En esos momentos, el secreto odio que le inspiraba el Hermano Mayor se trocaba en adoración [...].[4]

En realidad, la intuición de Orwell no es tan original. Hay otro libro, un ensayo titulado *Psicología de las multitudes*, de Gustav Le Bon, que explica lo mismo. Le Bon observó que los hombres, cuando están solos, pueden ser personas sensatas y razonables, pero cuando forman parte de una gran multitud pierden todas sus inhibiciones. Basta con hojear un libro de historia para darle la razón: a lo largo de la historia, cuando se las ha incitado debidamente, las multitudes han cometido masacres y violencias de todo tipo. Sin embargo, este es un hecho que los lectores, aunque lo reconozcamos como verdadero, aprendemos de los libros de manera racional. Y así lo almacenamos en nuestra memoria.

El escritor, en cambio, opera a través de un procedimiento inverso. Orwell no se limita a declarar que las multitudes son irracionales y crueles, sino que nos arrastra dentro de esa pequeña habitación llena de gente que grita: nos hace oír los silbidos y los insultos, que nos ensordecen; nos muestra el rostro de una mujer deformado por el odio; nos enseña a una chica que grita «¡Cerdo!» a la pantalla; nos obliga a quedarnos allí, junto a esa gente que parece poseída. Los vemos temblar, gritar, dilatar las fosas nasales. Y nosotros, en ese momento, sentimos asco, una repulsión física.

Recuerdo que, cuando iba al instituto, vi a unos estudiantes que empujaban a un compañero. Era un chico delgado, escuchimizado; siempre se lo veía con un libro en la mano y con ropa gastada y pasada de moda. Por eso era objeto de las burlas de los demás compañeros, que se mofaban de él por ser tan diferente a ellos. Por supuesto, él hacía lo posible por ignorarlos, fingía no oír lo que decían a sus espaldas. No recuerdo la cara del chico, aunque me la imagino, pero sí las expresiones alteradas de sus compañeros, sus risitas que siempre me hacen pensar en la multitud vociferante de los Dos Minutos de Odio.

En el principio era el Verbo

—¿Cómo va el diccionario? —dijo Winston, alzando la voz para hacerse oír entre el ruido.

—Despacio —respondió Syme—. Estoy con los adjetivos. Es fascinante.[5]

Y poco después el colega de Winston le dice con entusiasmo:

Seguro que crees que nuestra tarea principal consiste en inventar palabras nuevas. ¡Pues no! Lo que hacemos es destruirlas, decenas, cientos cada día. Estamos podando el idioma. [...] Por supuesto, lo que más sobran son verbos y adjetivos, pero hay cientos de sustantivos de los que se puede prescindir. [...] Fíjate, por ejemplo, en la palabra «bueno». Si tenemos esa palabra, ¿qué necesidad hay de «malo»? «Nobueno» es igual... incluso mejor porque es exactamente lo contrario mientras que la otra no lo es. O, si lo que quieres es reforzar la palabra bueno, ¿para qué queremos toda una serie de palabras vagas e inútiles como «excelente», «espléndido» y otras parecidas? [...] Al final todo el concepto de la bondad se limitará a seis palabras; en realidad, una sola.[6]

A menudo se usa el adjetivo «profético» para describir la novela de Orwell. En el mundo antiguo, el profeta era el que «hablaba hacia adelante», quien conseguía hablar del futuro. En cierto sentido, todos los clásicos son proféticos: hablan al futuro, pero no solo de su tiempo. En la novela de Orwell, el propósito del *newspeak*, la neolengua inventada por el Partido, es muy simple: impedir y obstaculizar el pensamiento reduciendo el número de palabras. Si no hay pensamientos, tampoco hay pensamientos críticos. Y no hay pensamiento sin palabras. Por eso *1984* es profético, no porque haga una predicción verosímil de algo que ocurrirá en un futuro lejano, sino porque habla de algo que ya está ocurriendo en nuestro presente. Pensad que hace cincuenta años un estudiante de bachillerato utilizaba de media mil seiscientas palabras; hoy no utiliza más de quinientas.

Si habéis leído la *Odisea,* recordaréis la escena en la que Ulises, para resistirse al canto de las sirenas, se hace atar al mástil. Las sirenas seducen a los marineros con su canto y los empujan a arrojarse al mar. ¿Por qué lo consiguen? ¿Por qué sus palabras son tan persuasivas que logran engañar a los hombres? ¿Recordáis el *latinorum* de Don Abbondio, el lenguaje florido de Azzecca-garbugli? Todos estos personajes tienen algo en común: distraen, despistan, engañan. Pero consiguen vencer a los demás porque saben hablar. Detrás de los momentos más significativos de la historia de la humanidad, como la destrucción de Cartago, el Concilio de Nicea, la Reforma protestante o el ascenso de Hitler, en principio no hubo armas, sino palabras. «In principio erat Verbum». Hitler fue ante todo un hábil comunicador. «Carthago delenda est», dijo Marco Porcio Catón, y fueron estas breves y sencillas palabras las que marcaron el fin de uno de los imperios más grandes del mundo antiguo.

Las palabras son el medio a través del cual comunicamos a los demás nuestros sentimientos, nos permiten nombrar nuestros miedos, nuestras sensaciones, nuestras dudas. Las palabras crean la realidad. Para poder pensar necesitamos palabras. ¿Y cómo podemos hacer valer nuestras ideas y hacer oír nuestra voz si no tenemos las palabras para traducir nuestros pensamientos? No puedes expresar lo que llevas dentro, no puedes tener un pensamiento crítico, no puedes expresar tu desacuerdo si no tienes las palabras para hacerlo. Este expolio del poder de las palabras es lo que Orwell denuncia y contra lo que nos advierte, por ejemplo, en este comentario que Syme le hace a Winston:

> En el fondo prefieres seguir utilizando la viejalengua, con todas sus vaguedades y sus matices inútiles. [...] ¿No ves que el objetivo final de la nuevalengua es reducir el alcance del pensamiento?[7]

«Estoy bien», «Todo ok» y «Todo en orden» son las expresiones más usadas para responder a la pregunta «¿Cómo estás?». Pero no significan lo mismo, y cada una de ellas puede expresar cien cosas distintas. «Estar bien» puede significar experimentar un estado de alegría, felicidad, contento, la satisfacción que sigue a una buena nota o la obtención de un ascenso, pero también júbilo, gozo, bienestar y cientos de otros matices de «bien». Del mismo modo, «sentirse mal» encierra sentimientos muy diferentes, que van desde la tristeza que nos asalta en un día lluvioso hasta el duelo por la pérdida de un ser querido, la angustia, la ansiedad o la verdadera desesperación.

La magia de los clásicos reside en su riqueza semántica. El escritor sabe bien que a cada palabra le corresponde un universo. Elige, utiliza y cincela con cuidado los términos no por mero capricho artístico, sino para hacer accesible al lector una cualidad, una tonalidad emocional concreta que solo puede expresarse con esa palabra precisa. Sabe, por ejemplo, que entre «reír» y «reírse entre dientes» hay una distancia inmensa. La risa es algo amplio, manifiesto, abierto; pero si un escritor, en lugar de «reír», usa la palabra «reírse entre dientes», te está diciendo que ese personaje experimenta un sentimiento irónico, burlón, o quizá otro personaje ha dicho algo inapropiado y por eso se limita a una risita discreta, disimulada.

Cuando Tolstói describe el día de la boda entre Kitty y Levin, dice que el rostro de Kitty está animado por una «alegría luminosa». El adjetivo «luminoso» nos transporta a un plano de íntima y firme satisfacción. Cuando Anna y Vronski se encuentran por primera vez, Tolstói describe la mirada de Anna como iluminada por una «chispa de alegría». Esta chispa, que asociamos con un espíritu juguetón y jovial, confiere un matiz diferente a la alegría de Anna. La alegría de Kitty se basa en la estabilidad de un amor consolidado a lo largo del tiempo; la alegría de Anna, en cambio, brota del regocijo de un amor recién nacido, hecho de sobreentendidos, miradas, alusiones y encuentros secretos.

En *Crimen y castigo*, Dostoievski dedica un párrafo entero a describir la angustia que experimenta Raskólnikov.

Últimamente se manifestaba en él una suerte de peculiar melancolía. No era particularmente intensa ni lacerante, pero se desprendía de ella una sensación de permanencia, de perduración; se presentían años desesperados de angustia fría y mortecina, se presentía toda una eternidad en un «espacio diminuto».[8]

Dostoievski no se limita a decir que Raskólnikov está asustado o angustiado, sino que utiliza esta metáfora de una eternidad encerrada en un metro cuadrado de espacio. En cuanto intentas dar forma a esta imagen en tu mente, percibes con total plenitud una sensación que te quita el aliento: los años se suceden y tú estás ahí, incapaz de moverte, incapaz de huir, confinado en un espacio minúsculo. Raskólnikov aún no está listo para confesar, y entonces lo asalta una angustia que no es especialmente intensa, sino lenta, incesante, como una enfermedad crónica con la que debe convivir. El matiz que alimenta la angustia de Raskólnikov es el sentimiento de culpa.

Podéis comprender los estados de ánimo de un personaje, sus climas interiores, porque alguien, el escritor, se ha tomado la molestia de disponer cuidadosamente determinadas palabras que sirven de puente entre vuestro yo y lo desconocido que representa el mundo interior del otro.

El antídoto clásico contra los proles

En el mundo de Orwell, la sociedad está dividida entre los miembros del Partido, que representan una especie de aristocracia, y los proles, personas mantenidas en un estado de inferioridad intelectual. En estas breves líneas, Orwell te muestra cómo y por qué:

> Había toda una cadena de departamentos dedicados a la literatura, la música, el teatro y en general todos los espectáculos proletarios. En ellos se producían periódicos basura que solo contenían noticias deportivas, de sucesos y astrología, noveluchas sensacionalistas de cinco centavos, películas que rezumaban sexo y cancioncillas sentimentales que componían por medios enteramente mecánicos en una especie de calidoscopio particular llamado «versificador».[9]

Justo mientras escribo estas páginas, ha estallado un gran debate a raíz de la propuesta de Susanna Tamaro de sustituir la lectura de Verga en las escuelas por libros más accesibles a los chicos, ya que, al parecer, son demasiado jóvenes para entenderlos. Habría que esperar a los cuarenta o cincuenta años para apreciar a Leopardi, Manzoni y Verga. Al pensar en este debate, no he podido evitar acordarme de Orwell y sus proles.

Por eso quiero contaros algo. Cuando estaba en la universidad, daba clases particulares para pagarme los estudios.

Me mandaban a chicos que suspendían en Italiano, Historia, Latín o Filosofía. Recuerdo que mis primeras clases fueron un desastre. Estudiábamos juntos, y cuando les preguntaba: «¿Qué habéis entendido?», me decían que Verga nació el día x y murió el día y, que D'Annunzio pertenecía a la corriente del decadentismo, que Leopardi era un «pesimista cósmico»: repetían al pie de la letra de memoria lo que encontraban en el libro de texto. Yo, sin embargo, quería transmitir algo más a estos niños.

Así que decidí cambiar mi método. Utilizaría mis propias palabras para describirles a estos autores. Para preparar las clases, copié pasajes enteros de las mejores introducciones críticas a los clásicos; llené un cuaderno entero de notas, explicaciones y comentarios rebosantes de «frases bonitas» —al menos así me lo parecían entonces— sobre Leopardi, Verga y Manzoni. Las siguientes veces hablé durante más de una hora; mi voz estaba llena de pasión, pero cuando al final preguntaba a los chicos qué habían entendido, me daba cuenta de que no había conseguido mucho más: repetían mi explicación. Habían memorizado mis palabras como habían hecho con el libro de texto. Me sentí muy desanimada y pensé que, en el fondo, esos chicos nunca llegarían a ser lectores. No podía hacer que unos niños a los que les costaba aprobar Italiano amaran los clásicos, me dije.

No obstante, un día fui a ver a un chico que vivía con su abuela en Acilia. Le llevé un viejo ejemplar de los *Cantos* de Leopardi y le dije: «Léelo. No en voz alta, sino para ti, y luego dime qué emociones te despierta, a quién te recuerda, en qué te hace pensar». Emociones, recuerdos... Esas eran las palabras mágicas. Fue el método adecuado. Y, poco a poco, estos chicos empezaron a abrirse, a hacerme confidencias.

Los poemas de Catulo se convirtieron entonces en el punto de partida para hablar del amor no correspondido. Leímos sobre la monja de Monza y el rey Lear, y hablamos de las expectativas de padres demasiado exigentes o demasiado ausentes. Con *La metamorfosis* de Kafka charlamos de cómo nos ven los demás y de por qué a veces nos sentimos incómodos en nuestro pellejo. Mientras leíamos *El último día de un condenado*, de Hugo, nos preguntamos por qué la gente mata, roba, traiciona y hace daño. Estos chicos, a quienes todos consideraban cabezas huecas, sacaron 8 y 9 en los exámenes. Pero este no fue el resultado más importante: algunos de ellos siguieron estudiando y ya se están licenciando; otros se convirtieron en carpinteros, técnicos, dependientes; otros dejaron el instituto porque se dieron cuenta de que querían ser cocineros o trabajar en el cine. Todos siguieron un camino diferente, pero años después aún me escriben preguntándome: «Oye, profe, ¿me recomiendas algún buen libro?». Y para mí no hay mayor satisfacción que haber formado, a través de los clásicos, a lectores jóvenes y apasionados.

Historia: la materia maldita

Todos los archivos han sido destruidos o falsificados, han reescrito los libros, han vuelto a pintar los cuadros, [...] han modificado las fechas. Y ese proceso continúa día a día y minuto a minuto. La historia se ha detenido. No existe nada más que un presente infinito en el que el Partido siempre tiene razón.[10]

El mundo de Orwell es una distopía, donde el Partido controla la vida de todos, pero en especial controla sus pensamientos. ¿De qué manera? Creando un nuevo lenguaje, simplificado, que *a priori* obstaculiza el pensamiento y ayuda a reescribir la historia. El Partido modifica continuamente el pasado con el propósito de controlar la conciencia de la gente.

Historia nunca ha sido la asignatura más popular entre los jóvenes, e incluso muchos adultos creen que es solo un montón polvoriento de fechas, nombres, hechos y batallas para recordar. Con razón un adolescente se pregunta: «Pero ¿a mí qué me importa si un hombre que vivió hace quinientos años hizo esto o dijo aquello? ¿Para qué me sirve la historia? ¿Qué relación tiene con mi vida?». Recuerdo que una vez escribí un artículo sobre el sexo en el mundo romano; lo publiqué en mi página de Facebook, y una señora escribió el siguiente comentario en la publicación: «¿Y qué? ¿Para qué necesitamos saberlo?». Me sentí muy decepcionada. A mí, desde niña, siempre me ha gustado la historia y, cuando digo que he escrito una novela histórica, la gente suele mirarme con sorpresa: «Pero ¿de verdad te gusta la historia? ¿Qué te parece tan interesante?». Existe la idea de que hay que ser un poco raro para encontrar interesante la historia.

Tomemos, por ejemplo, la película *Los fantasmas de Goya,* del director checoslovaco Miloš Forman. Cuenta con mucha libertad artística la vida del pintor español Francisco Goya y, en mi opinión, es una película inquietante que deja un regusto agridulce. Quizá por eso no tuvo un gran éxito, pero, en realidad, precisamente por eso resulta interesante. La escena final, en mi opinión, es una de las más bellas de todo el cine moderno. Hay un hombre, Lorenzo Casamares, que está a punto de ser ejecutado. En el último momento antes de morir, ve en la plaza a su hija ilegítima, a la que había intentado deportar; ve a la mujer que había violado cuando era inquisidor; por último, ve entre la multitud a su amigo Goya, que lo mira fijamente para grabar en su mente cada detalle de la ejecución y hacer un cuadro. Y en ese instante es como si todas las piezas de su vida encajaran.

En la historia de este hombre, que caza herejes, brujas y judíos y, al momento siguiente, con el mismo fervor, apoya los ideales de la Revolución francesa, está el retrato perfecto de la humanidad, que prepara guerras, revoluciones, dicta sentencias de muerte, instituye iglesias, leyes, fiestas y prohibiciones, y luego, en el transcurso de una o dos generaciones, se fabrica otra bandera. Adopta otras ideas, otras leyes, otras religiones y vuelve a librar guerras contra nuevos herejes, a instituir nuevos mandamientos y nuevas prohibiciones, a convocar nuevas cruzadas. Dice el director:

> Para mí no es una película histórica. A lo largo de mi vida fui testigo de todo lo que sale en la película, les ocurrió a las personas entre las que viví. En los años cincuenta leía estas cosas terribles sobre la Inquisición española y veía los paralelismos, exactamente lo mismo, en Checoslovaquia, durante la era comunista: se detenía a la gente sin motivo, luego confesaban crímenes que nunca habían cometido, obviamente bajo tortura, y luego los ejecutaban. Y todo esto estaba sucediendo allí mismo, en la década de 1950.[11]

Después de leer estas palabras, se podría pensar en la depravación del hombre, pero el sentido de esta película es otro: no muestra lo loco, malvado o violento que es el hombre, sino lo inconsciente que es. Y hace entender cuál es el sentido de la historia: es como encender una luz en una habitación que hasta el momento estaba a oscuras. «El propósito de la historia —dice el filósofo Noam Chomsky— no es memorizar que Hitler mató a seis millones de personas, sino entender cómo fue posible que millones de personas estuvieran convencidas de que era necesario hacerlo».

¿Por qué los alemanes, que no eran ni mejores ni peores que otros pueblos, permitieron que Hitler llegara al poder? ¿Por qué setenta millones de personas fueron persuadidas para luchar y morir cuando fue asesinado el heredero al trono del Imperio de los Habsburgo? ¿Qué impulsó a hombres ricos y sanos a masacrar a treinta mil personas en lo que pasó a la historia como la Noche de San Bartolomé? ¿Cómo y por qué se construyeron las pirámides y el Coliseo? ¿Con qué propósito se gastaron miles de ducados en pintar la Capilla Sixtina? Estas son las preguntas que hay que hacer a la historia.

Alguien objetará: «Claro, son cosas interesantes, pero ¿no sería más útil enseñar a un chico un oficio? Cuando los jóvenes tengan que tratar con un cliente enfadado, tramitar expedientes u organizar un evento, ¿de qué les servirá la historia, o haber leído a los clásicos?». Cada vez que alguien plantea estas objeciones, sonrío. En el siglo XIX las clases cultas se cuestionaban la utilidad de dar educación al pueblo. Y muchos se oponían. ¿Para qué le servirá al pueblo la literatura, la historia? Mejor mandarlos al taller, enseñarles un oficio; al menos tendrán de lo que vivir. ¿Y para qué le sirve, en el fondo, a la mujer tener una educación? ¿Le resultará útil para encontrar un buen marido? No, claro que no. Más bien enseñemos a las jóvenes a cantar, a bailar, enseñémosles el arte de la conversación, del dibujo y del bordado, útiles para encontrar marido.

Estos viejos prejuicios clasistas aún no han desaparecido, sino que se nos proponen otra vez bajo una nueva forma, y eso también es historia. Hoy, sin embargo, no necesitamos hombres-máquina que digan siempre «Amo, dime qué tengo que hacer», «Camarada, dime qué tengo que pensar», sino personas que lean y reflexionen y que, como hace Winston en la novela de Orwell, sepan formularse también preguntas incómodas.

Sobre el final

1984 no tiene un final feliz. Es más, el final es lo que deja en muchos lectores un sabor amargo en la boca. En *1984* Winston lucha contra el Partido, vive en secreto una vida de disidente, ama, piensa, hace todo lo que está prohibido por el Gran Hermano. Cuando se descubren sus actividades, lo encarcelan, lo torturan y, al final, algo se rompe dentro de él. El Partido vence y, en cierto modo, el final de *1984* parece no dejar ni un pequeño resquicio de luz, ni la más mínima esperanza de salvación para la humanidad. El mundo parece destinado a vivir bajo una dictadura perpetua, porque en un mundo en el que el Partido no solo controla la vida de las personas, sino también sus pensamientos, la resistencia es imposible. Los cambios que ha experimentado la sociedad son demasiado profundos para que pueda volver a ser libre. ¿Quién puede desear la libertad en un mundo en el que ni siquiera existe la palabra «libertad», en el que nadie sabe ya qué es? Así pues, ¿qué sentido tiene leer *1984*? ¿Cuál era el mensaje de Orwell? En esta novela, Orwell escribió una profecía que esperaba que no se hiciera realidad. Su intención era la de advertirnos de los peligros del totalitarismo y asegurarse de que el mundo que imaginaba nunca tendría la oportunidad de nacer, de hacerse realidad. Es decir, Orwell se sirve de la escritura para darnos la posibilidad de reconocer las señales, de estar en guardia, para que nunca lleguemos al punto de no retorno.

Lecciones de amor más allá de las reglas

Jane Austen

Jane Austen es una de las escritoras más graciosas que conozco. Es como una tía anciana que cuenta historias divertidas, bromea, cotillea, da buenos consejos, amonesta con ironía, te emociona y te conquista. «Reconozco que me divierten las locuras y los disparates, los caprichos y las contradicciones, y que me río de ellos siempre que puedo»,[1] confiesa Elizabeth Bennet.

Este es precisamente el espíritu que impregna las páginas de Austen. Pero, al final de los bailes, después de haber reído mucho y haber representado danzas, encuentros galantes, serenatas, escenas conmovedoras, duelos verbales y cómicas arias de ópera, la autora te recuerda, con la sonrisa pragmática de una tía anciana, que también es necesario «llevarse algo a casa». Es decir, asegurarse un lugar cuando la música se detiene. En su mundo, esto significaba conseguir un buen matrimonio; en el nuestro, quizá sea tan sencillo como llevar a casa un sueldo.

En esa extraña combinación de ironía, atmósferas de cuento de hadas y realismo descarnado, no siempre resulta fácil captar su genialidad. Mi yo de quince años, que aún vivía de sueños y solo buscaba el romanticismo más evidente en sus novelas, no logró comprender su encanto. A los veinte, atrapada en el idealismo, las preguntas y las inquietudes, me sumergí en los clásicos rusos y relegué a Austen al estante de los libros olvidados de la adolescencia. Solo cuando terminé la universidad y me enfrenté al mundo real —cuando llegaron las facturas y el alquiler, la búsqueda de un empleo y los primeros encontronazos con prepotentes dignos de lady Catherine y Fanny Dashwood, o con esnobs al estilo de Caroline Bingley— volví a leer a Jane Austen. Y entonces, por fin, entendí su genio.

Es una verdad universalmente aceptada que todo soltero en posesión de una gran fortuna necesita una esposa.[2]

Con esta célebre frase, Austen nos introduce en el mundo de *Orgullo y prejuicio*. Muy pocos inicios literarios han gozado de tanta fortuna, aunque su astuta sutileza no siempre se aprecia en una primera y apresurada lectura. Austen no afirma que un hombre rico busque esposa, ni que el propósito de una mujer sea encontrar un buen marido. Tales afirmaciones serían, además de inexactas, terriblemente banales. Es cierto que sus heroínas anhelan un gran amor y buscan al hombre ideal. Al fin y al cabo, sus novelas son comedias románticas, al igual que *Noche de reyes* o *Sueño de una noche de verano*, de Shakespeare, o miles de otras novelas. La búsqueda del amor, el amor con obstáculos, el amor negado o el amor prohibido son temas fundamentales en toda la gran literatura. Por eso, quienes critican a Jane Austen reduciéndola a simple autora de novelas románticas no deben de entender mucho de literatura.

Sin embargo, este inicio encierra la magia de *Orgullo y prejuicio*, su sutil y refinada ironía. Hay que saber que en el siglo XVIII las madres educaban a sus hijas en música, baile y canto, les organizaban clases de piano, las llevaban a bailes y veladas, frecuentaban determinadas casas con un único propósito: encontrarles un buen marido. En la época de Austen, era un deseo compartido por todas las madres, que, con tal de ver a sus hijas «bien colocadas», disimulaban, intrigaban, organizaban reuniones y creaban escenarios perfectos para ese «accidental» primer encuentro entre los futuros esposos.

—Ellos comerán fuera, ¡qué mala suerte! —exclamó la Sra. Bennet [comentando la inoportuna ausencia del Sr. Bingley].
    —¿Puedo llevarme el carruaje, mamá? —preguntó Jane.
    —No, mi vida, será mejor que vayas a caballo, porque es muy probable que llueva; así no tendrás más remedio que quedarte a pasar la noche en Netherfield.[3]

La acción de la novela transcurre en Hertfordshire, un apacible condado de la campiña inglesa, situado al noreste de Londres. Y es aquí donde entra en escena la señora Bennet: petulante, habladora, impertinente, madre de nada menos que cinco hijas, de las cuales cuatro están en edad de casarse, y esposa de un hombre que, para su desgracia, no es lo bastante rico. En esta primera gran conversación del libro, enseguida conocemos a sus hijas mayores, Jane y Elizabeth, a su hermana mediana, Mary, y a sus dos hijas menores, Lydia y Kitty. La agitación familiar gira en torno a la llegada al pueblo de un caballero adinerado, un tal señor Bingley.

Para las innumerables señoras Bennet de la época, es tan impensable que sus esfuerzos estén condenados al fracaso como inconcebible es que sus adoradas hijas no encuentren un buen marido. De ahí la célebre frase de apertura sobre el soltero en posesión de una gran fortuna que, necesariamente, debe buscar una esposa. Y si estos solteros no están convencidos de ello, hay que recordarles esta regla incontrovertible, hacerles ver su indiscutible verdad. ¿Percibís la ironía, la agudeza? Con estas palabras, Jane Austen nos introduce de lleno en la mentalidad de esas madres, nos sumerge en su universo femenino y nos obliga a ver el mundo a través de sus ojos. Y ahora no podemos evitar sonreír al pensar en esos ingenuos solteros que aún no saben —pero que pronto descubrirán, tenedlo por seguro— que necesitan una esposa.

....

Saborear los ambientes

Una de las cualidades más distintivas de una novela es su capacidad para crear un ambiente, ese matiz único que la diferencia de las demás. En *Los Buddenbrook*, por ejemplo, se respira la solemnidad de una gran saga familiar, donde la vida de los personajes está marcada por la devoción al linaje y la lucha por el prestigio social. En cambio, *Orgullo y prejuicio* nos sumerge en un mundo completamente distinto: un ambiente ligero, vibrante y lleno de encanto.

Hay un pasaje de *Guerra y paz* en el que Tolstói describe a la familia Rostov y que, en mi opinión, hace plenamente evidente ese aspecto de *Orgullo y prejuicio*.

En aquella época, la casa de los Rostov estaba saturada de una atmósfera de amor, como ocurre en los hogares donde hay muchachas muy bonitas y muy jóvenes. Cada joven que entraba en la casa de los Rostov, al contemplar aquellos rostros frescos y abiertos a todas las emociones, que sonreían posiblemente a la propia felicidad, al oír la charla deshilvanada, pero siempre afectuosa, [...] experimentaba el mismo sentimiento de predisposición para el amor y la dicha que animaba a todas las muchachas de la casa.[4]

Me gustaría que reflexionarais sobre un aspecto fundamental de los clásicos y de la lectura en general: cada libro tiene un sabor único, un aroma inconfundible. Leer es un acto íntimo, y un libro puede fascinaros o resultaros insoportable según el momento en que lo leáis. Una lectura tiene éxito cuando sintoniza con lo que estáis buscando en un instante preciso de vuestra vida.

Por eso, a la hora de elegir un libro, procurad que esté en armonía con vuestras pasiones, vuestras inquietudes, vuestro estado de ánimo; es el único modo sensato de leer. Yo, por ejemplo, cuando estoy melancólica y tengo hambre de tormentas emocionales, recurro a Dostoievski; cuando, en cambio, busco un desafío intelectual, me sumerjo en las brumosas calles de Londres con Conan Doyle. ¿Y cuándo es el momento perfecto para leer a Jane Austen?

Si buscáis una buena dosis de ironía, si tenéis una frase mordaz atrapada en la punta de la lengua, o si deseáis perderos por unas horas en un universo de páramos, escaramuzas amorosas, parques, mansiones, té y crinolinas —en definitiva, en auténticos «ambientes británicos»—, es el momento de sumergiros en su mundo.

Es un mundo encantador regido por verdades universalmente reconocidas: el amor es amor, la felicidad es felicidad. Pero, para una joven sin fortuna ni una dote atractiva, eso significa una sola cosa: encontrar un buen marido. Todas las heroínas de Austen, incluso las más voluntariosas e independientes, comparten en el fondo la misma preocupación que la señora Bennet. Ella, sin remordimientos, entregaría a una de sus hijas al odioso señor Collins, el primo que lo heredará todo, y no duda en celebrar el matrimonio de su hija menor, Lydia, con el irresponsable Wickham, pese a su deslealtad. Elizabeth y Jane, a diferencia de su madre, buscan algo más: no cualquier marido, sino aquel con quien puedan alcanzar la verdadera felicidad.

En este universo, no hay lugar para deseos inconfesables, pasiones tumultuosas o inquietudes del alma, ya que las tragedias de la vida, como la muerte o la enfermedad, raramente aparecen o apenas rozan la existencia de sus heroínas. Sus novelas se asemejan a una entrañable casa de muñecas, un mundo en miniatura en el que cada habitación se recorre con la seguridad de que ninguna puerta os conducirá a un oscuro sótano.

En este escenario de cuento de hadas, se despliega ante vuestros ojos un ecosistema repleto de envidia, amistad, esnobismo, amores plagados de obstáculos y celos. Es un universo tan peculiar y, a la vez, tan parecido al nuestro, en el que se pueden observar y comprender los mecanismos que lo hacen vibrar.

....

Del amor... y sus engaños

Regresemos al inicio de la novela. La acción se traslada de la casa de los Bennet al esperado baile organizado por sir Lucas, donde conocemos a los dos protagonistas masculinos de la historia: el señor Bingley y el señor Darcy.

Sobre Bingley, Austen nos ofrece una primera impresión inmejorable: «El señor Bingley era un joven apuesto y distinguido; tenía un rostro muy agradable, y maneras sencillas y afables».[5] Unas líneas más adelante, la autora completa su retrato: «El señor Bingley no tardó en conocer a todos los vecinos ilustres allí congregados; era un joven alegre y expansivo, bailó todas las piezas, lamentó que la reunión terminara tan pronto, y prometió organizar un baile en Netherfield».[6]

Del señor Darcy sabemos de inmediato que es un hombre atractivo y de porte viril, además de poseedor de una renta de diez mil libras al año. Sin embargo, su riqueza no es suficiente para ganarse el favor de la gente.

El señor Darcy se limitó a bailar una vez con la señora Hurst y otra con la señorita Bingley, no quiso que le presentaran a ninguna dama, y pasó el resto de la velada dando vueltas por el salón y hablando de vez en cuando con algún miembro de su grupo. Todos se formaron la misma opinión de él. Era el hombre más orgulloso y desagradable del mundo.[7]

El señor Bingley cae bien a todos porque es alegre, sociable y sabe conversar. El señor Darcy, en cambio, es reservado y de pocas palabras, y precisamente por eso la buena gente de Hertfordshire no le perdona su actitud. Toda obra de arte es, en última instancia, producto de la imaginación de quien la escribe (en este caso, una escritora), inevitablemente moldeada por la época en la que vive. Jane Austen, nacida en un pequeño pueblo de Hampshire e hija del reverendo George Austen, llevó una vida tranquila junto a su madre y su hermana. La campiña inglesa donde creció y que sirve de escenario a sus novelas es, ante todo, una sociedad provinciana. En un entorno así, un baile o la llegada de un regimiento al pueblo se convierten en acontecimientos capaces de encender los ánimos.

Las reacciones exaltadas de los personajes ante estos episodios revelan cuánto domina la monotonía en Hertfordshire. La vida transcurre apacible, sin grandes sobresaltos, en una sociedad cerrada sobre sí misma, donde las novedades escasean y el aburrimiento acecha. En este contexto, la capacidad de conversar y de entretener a los demás no es solo una virtud, sino una necesidad. Saber mantener una charla animada es el mejor antídoto contra la rutina y, por tanto, una cualidad esencial para ser bien recibido en la comunidad.

Qué simpático es sir William, ¿verdad, señor Bingley? ¡Un hombre tan elegante! ¡Tan cortés y tan sencillo! Siempre tiene algo que decir a todo el mundo. Ésa es mi idea de la buena educación; y toda esa gente que se da tanta importancia y jamás abre la boca está muy equivocada.[8]

Cuando los caminos de Elizabeth y Darcy vuelven a cruzarse en la segunda mitad del libro, queda nuevamente en evidencia la torpeza del señor Darcy para sostener una conversación amigable: «Después de las preguntas de rigor sobre Rosings, parecieron correr el peligro de hundirse en el mayor de los silencios. Era perentorio, por lo tanto, pensar en algo que decir».[9]

No es casualidad que Austen caracterice a sus personajes a través de su modo de hablar. La señora Bennet es petulante, parlanchina, un auténtico monstruo de la logorrea. El señor Bennet, en cambio, recurre a una ironía sutil con la que se burla de las ansiedades de su esposa. Mary, una de las hermanas menores de Elizabeth, es pedante, y por eso nadie le presta demasiada atención. Elizabeth, por el contrario, brilla por su ingenio. Más adelante, el señor Darcy afirma que quedó fascinado por sus «hermosos ojos oscuros», pero lo que realmente lo cautiva es su vivacidad innata, reflejada en una conversación aguda y bromas que rozan la impertinencia.

Cuando Elizabeth conoce a Wickham, enseguida se nos dice de él que «la naturalidad con que empezó a conversar, aunque solo fuera de la humedad de la noche y de las probabilidades de una estación lluviosa, convencieron a la joven de que el tema más vulgar, trillado y aburrido podría resultar interesante gracias al ingenio del conversador».[10]

En ese mundo, la sociabilidad es sinónimo de virtud: hombres como el señor Bingley y el señor Wickham, afables y conversadores, deben ser necesariamente buenos; mientras que un hombre de pocas palabras, como el señor Darcy, es percibido como arrogante y antipático. Elizabeth Bennet no es inmune a estos prejuicios: desde el principio está decidida a despreciar al señor Darcy, y por ello acepta sin dudas la versión de Wickham, quien lo retrata con los tonos más sombríos:

—¡Tratar de ese modo al ahijado, al amigo, al preferido de su padre! —y podría haber añadido—: «A un joven, además, como usted, cuyo semblante da fe de su buen carácter».[11]

Wickham no es rico ni posee grandes medios, pero tiene algo que, a ojos de Elizabeth, resulta atractivo: un pasado interesante, o al menos la apariencia de uno. Le cuenta que fue tratado injustamente por Darcy, quien, según él, estaba celoso del afecto que lo unía a su padre. Wickham sabe venderse bien y sabe vender bien su historia, combinando con maestría el arte de la palabra, unos modales afables y un encanto irresistible. Sabe moverse en sociedad y ajustarse a lo que los demás esperan de él. Elizabeth regresa a casa con la cabeza llena de su relato, decidida más que nunca a tomar partido por él y a detestar al señor Darcy con todas sus fuerzas.

Más adelante, descubrimos que Wickham no es tan gentil ni honesto como parecía. A menudo he oído en conversaciones de confianza frases como: «Ha cambiado, ya no es el de antes» o «Ella es diferente, no es la que yo creía». Creer y parecer suelen ir de la mano, y no es casualidad que, tres siglos después del nacimiento de Jane Austen, el magnetismo de los muchos hombres como Wickham (y su equivalente femenino) siga intacto.

Quisiera haceros notar el modo en que el señor Darcy, cuando ya se siente atraído por Elizabeth y desea ganarse su favor, le confiesa su incapacidad para desenvolverse en sociedad con el mismo desparpajo que otros: «Es cierto que no tengo la facilidad que poseen otros de conversar con soltura con aquellos que no conocen. No puedo ceñirme al tono de su conversación, ni parecer interesado por sus asuntos, como veo hacer tan a menudo».[12]

Aquí, Austen pone en boca de Darcy la palabra clave: *parecer.* Un hombre bien educado y afable debe mostrar interés por los demás, esforzarse por parecer atento a sus palabras. La etiqueta exige la apariencia de la amabilidad, y cuando esta no coincide con una verdadera bondad de corazón, es difícil detectarlo.

Lo que influye en el juicio de la buena sociedad de Hertfordshire no es la auténtica gentileza ni la honestidad, sino su apariencia. Shakespeare también reflexionó sobre esta misma cuestión. En el primer acto de *Macbeth*, lady

Macbeth pronuncia estas palabras: «Toma el disfraz de la inocente flor, pero sé la serpiente bajo él». En otras palabras, llevar la máscara de la honestidad, la bondad y la virtud es más que suficiente para engañar a la gente.

«Es conveniente que lo anote», comenta el príncipe Hamlet, cuando el fantasma de su padre le revela que fue asesinado por su hermano, «que puede sonreírse y sonreírse, y ser un hombre vil».[13]

> Es todo un misterio en el mundo. Son enigmáticas las apariencias. Y cuanto más se abre a las preguntas, más se hunde el hombre en las arenas movedizas del equívoco.[14]

La toma de conciencia conduce a Hamlet a la locura, al rechazo del mundo y de sus múltiples engaños. Como personaje trágico, Hamlet queda atrapado en un limbo de sombras donde las falsas apariencias distorsionan la realidad. Un héroe trágico vive con una intensidad desmesurada los conflictos que todo ser humano enfrenta. También las heroínas de Jane Austen prueban este amargo cáliz, experimentan el dolor del equívoco y la decepción, pero, a diferencia de Hamlet, siempre encuentran la manera de salir adelante.

La tragedia es inexorable, perentoria, definitiva, inapelable. Un personaje trágico no cede ni se adapta. La comedia, en cambio, pone en escena otro tipo de personajes, aquellos que encuentran su fuerza en la capacidad de adaptarse al mundo, de reírse de él, de aceptar con ligereza sus propios errores.

Orgullo y prejuicio es, en esencia, una comedia de engaños y malentendidos. Austen teje magistralmente el tema de la «falsa apariencia» a lo largo de la narración. Lo hace con Wickham, lo hace con Caroline Bingley, quien finge amistad con Jane mientras maniobra en secreto para impedir su matrimonio con su hermano. Lo mismo ocurre en *Sentido y sensibilidad,* donde la impetuosa Marianne se enamora de John Willoughby, un seductor tan encantador como egoísta.

Austen parecía lanzar un mensaje de advertencia a sus lectoras sobre el peligro de hombres como Wickham y Willoughby. Por muy paradójico que resulte, su propia vida sentimental estuvo lejos de ser digna de una novela romántica. Nunca se casó, lo que le permitió dedicarse por completo a la escritura, una actividad que difícilmente habría podido compaginar con el papel de esposa y madre a caballo entre los siglos XVIII y XIX. Se sabe que tuvo un breve romance con un joven irlandés llamado Tom Lefroy, quien, al igual que Willoughby y, en cierta medida, el propio Wickham, priorizó la conveniencia sobre los sentimientos y terminó casándose con una mujer más rica que Austen, la hija de un simple reverendo.

¿Romanticismo o realismo?

La trama de *Orgullo y prejuicio* aborda el argumento más antiguo del mundo: el amor con obstáculos. Dos jóvenes se enamoran, pero las circunstancias los separan. Sus nombres pueden ser Renzo y Lucía, Romeo y Julieta, Píramo y Tisbe, Cupido y Psique, pero el esquema narrativo es siempre el mismo. En las tragedias, la historia culmina con la muerte de uno o ambos amantes; en las comedias, con un matrimonio. Austen respeta esta estructura clásica, sus novelas tienen un final feliz.

En *Orgullo y prejuicio,* Jane y Bingley encarnan a los amantes tradicionales: se sienten atraídos desde el primer momento, pero la familia y los amigos del señor Bingley intervienen para impedir el matrimonio, convencidos de que Jane no es lo suficientemente rica ni de alta posición para él. Con Elizabeth y Darcy, en cambio, Austen subvierte el esquema clásico de amor a primera vista. Cuando, durante su primer encuentro, el señor Bingley anima a su amigo a elegir una pareja de baile y le sugiere a Elizabeth, el señor Darcy responde: «Digamos que puede pasar, pero no es lo bastante hermosa para tentarme».[15] Elizabeth tiene la mala suerte de oír este comentario, y desde ese instante jura que lo detestará.

> Desde el principio, casi desde el instante mismo en que lo conocí, sus modales me hicieron comprender su arrogancia, su engreimiento, su desprecio egoísta de los sentimientos ajenos, y pusieron los cimientos para un sentimiento de prevención que sucesos posteriores convirtieron en firme desagrado; no tuvo que pasar ni un mes para que supiera que sería usted el último hombre que me llevaría al altar.[16]

Con estas desdeñosas palabras, Elizabeth rechaza la propuesta de matrimonio del señor Darcy. Si en el título de la novela el orgullo debería reflejar el defecto de Darcy y el prejuicio el comportamiento de Elizabeth, la realidad es más compleja, pues Elizabeth también es orgullosa, tanto que no perdona al señor Darcy haber herido su vanidad. Y también Elizabeth es esclava de sus prejuicios, que reflejan los de la sociedad inglesa del siglo XVIII.

> No habría estado más ciega si me hubiese enamorado. Pero la vanidad, no el amor, ha sido la causa de mi locura. Adulada por la deferencia de uno [Wickham] y ofendida por la frialdad de otro [Darcy] en el inicio de nuestra relación, he cortejado el prejuicio y la ignorancia, y he ahuyentado la razón en lo que se refería a cualquiera de ambos. Es como si hasta ahora no me hubiese conocido a mí misma.[17]

La verdad es que las novelas de Jane Austen contienen mucho menos romanticismo y mucho más realismo de lo que podría parecer a simple vista. Para Austen, el amor no es un simple flechazo ni un arrebato pasional. De hecho, las relaciones que surgen del amor a primera vista, con la única excepción de Jane y Bingley, rara vez conducen a un desenlace feliz. Todas las heroínas que se dejan arrastrar por esos flechazos acaban, invariablemente, enfrentándose a la desilusión. El enamoramiento de Marianne por Willoughby en *Sentido y sensibilidad,* el de Elizabeth por Wickham y, más tarde, el de Lydia por Wickham en *Orgullo y prejuicio* están condenados al fracaso o a desembocar en el más prosaico de los finales: un matrimonio de conveniencia. Incluso los padres de Elizabeth, probablemente la pareja más mal avenida de toda la novela, fueron víctimas de ese espejismo, el enamoramiento a primera vista.

Si Elizabeth hubiera tenido que forjar su juicio a partir de su propia familia, no habría tenido una imagen muy agradable de la felicidad conyugal ni de la vida hogareña. Su padre, cautivado por la juventud y la belleza, así como por la apariencia de buen humor que estas normalmente conllevan, se había casado con una mujer cuya falta de inteligencia y de refinamiento habían apagado muy pronto el amor que sentía por ella. Respeto, aprecio y confianza desaparecieron para siempre; y todas sus esperanzas de felicidad doméstica se desvanecieron.[18]

La palabra «ilusión» deriva del latín *ludus,* 'juego, broma, engaño'. Las ilusiones por excelencia son las del amor, porque los enamorados están siempre listos para idealizar el objeto de su amor, y se convierten ellos mismos en hábiles ilusionistas en el intento de conquistar al otro. Para Austen, los amores que duran son los que se desarrollan más lentamente, basados en el conocimiento recíproco, la estima y el afecto mutuos. El tiempo, en particular, desempeña un papel decisivo en su evolución.

Pero, en cuanto dejó bien claro a sus amigos y a sí mismo que no había un solo rasgo destacable en el rostro de Elizabeth, empezó a comprender que sus hermosos ojos oscuros le daban una maravillosa expresión de inteligencia. A ese hallazgo siguieron otros igualmente incómodos. Aunque su mirada crítica hubiera percibido más de un error de simetría en sus facciones, se vio obligado a reconocer que su figura era esbelta y armoniosa; y, pese a haber afirmado que sus modales no eran el colmo del refinamiento, le cautivaron su naturalidad y buen humor.[19]

El tiempo revela al señor Darcy las cualidades de Elizabeth. Y es también el paso del tiempo lo que permite a Elizabeth conocer al verdadero señor Darcy, descubrir en él a un hombre tan diferente del que había imaginado, basándose en una rápida y fugaz primera impresión.

Empezó a comprender que, tanto por su forma de ser como por sus cualidades, era el hombre ideal para ella. Su inteligencia y temperamento, aunque muy diferentes de los suyos, habrían satisfecho todos sus deseos. La unión habría sido beneficiosa para ambos: la naturalidad y vivacidad de Elizabeth habrían dulcificado el carácter de Darcy y mejorado sus modales; y el buen juicio, erudición y conocimiento del mundo del joven habrían sido muy valiosos para ella.[20]

El tiempo es el tema clave de esa obra monumental que es *En busca del tiempo perdido* de Proust. En *El sábado en la aldea,* de Leopardi, el paso del tiempo, su huida, es como el tañido de una campana que anuncia la hora de la muerte. En las novelas de Austen, el tiempo no es algo que combatir, algo de lo que tomar dolorosamente conciencia. Por el contrario, es un tiempo necesario, un tiempo que debe seguir su curso: los minutos, las horas, los días, las semanas y los meses no marcan la sucesión de las estaciones, sino que sirven para medir un viaje interior. El tiempo revela, transforma, cambia esas impresiones ilusorias que engañan tanto al señor Darcy como a Elizabeth; es como una gran forja que transforma el metal bruto en oro.

El señor Darcy se redime definitivamente a ojos de Elizabeth cuando Lydia huye con Wickham (el hombre que tanto detestaba) y hace todo lo posible para que ambos se casen, salvando a la familia de Elizabeth de la ruina social. Y, además, interviene para remediar la fractura que se había creado entre Jane y Bingley.

Como en todo cuento de hadas que se precie, al final los dos jóvenes coronan su sueño. La novela concluye con dos matrimonios, pero si en toda novela romántica el destino final es siempre el mismo, lo interesante es el recorrido que Austen hace transitar a sus heroínas. *Orgullo y prejuicio* es una *Bildungsroman,* una novela de formación. Como en un rito de iniciación, Elizabeth debe despojarse de su viejo yo, de su vieja piel, es decir, reconocer, identificar y finalmente liberarse de su orgullo y de sus prejuicios para coronar su amor.

Enamorada del amor

Elizabeth Bennet es una mujer que toma decisiones equivocadas en el amor porque es impetuosa en las simpatías que concede. Elizabeth no puede amar porque es víctima de sus ideas preconcebidas. Emma Bovary, en cambio, simplemente no ama. Está enamorada, sí, pero del amor: ama la idea de estar enamorada, sueña con «suspiros a la luz de la luna, prolongados abrazos, lágrimas».[21] Emma es víctima de su propio deseo, es ciega ante el que ama y lo idealiza. Se deja engañar primero por el joven Léon y luego por Rodolphe, un terrateniente local que al principio se siente intrigado por su pasión infantil; se engaña a sí misma viendo solo lo que quiere ver.

No sé si habéis leído *Madame Bovary* y si os fascinó tanto como a mí la novela de Flaubert. Si no es así, debéis saber que Emma es una joven casada con un hombre al que no ama, y así, a través de la lectura, se construye una vida fantástica. Lo que lee le permite llevar una vida más interesante en Tostes y Yonville, las pequeñas ciudades normandas en las que está ambientada la novela.

> Leyó a Balzac y a George Sand buscando saciar con la imaginación sus avideces personales. Incluso se sentaba a la mesa con el libro de turno y pasaba las hojas mientras Charles comía y le hablaba. El recuerdo del vizconde volvía continuamente en esas lecturas. Lo relacionaba con los personajes de ficción.[22]

Emma no lee para entenderse a sí misma, para descifrar sus estados de ánimo, o porque le guste hacerlo. Emma lee para vivir. Hace de la lectura un sustituto de la vida. Lo que le permite escapar del aburrimiento de su existencia son los libros, que hablan de grandes e impetuosas aventuras románticas. «Envidiaba las vidas tumultuosas, las noches de bailes de máscaras, los placeres insolentes que debían de proporcionar todas esas emociones de las que no sabía nada».[23]

Muchos críticos os describirán a Emma como un personaje «ridículo»: como una sentimental, una «mujercita tonta» que se embriaga tanto con las novelas románticas que ya no distingue la realidad de la fantasía. Otros os dirán que Emma es una heroína moderna, una feminista que desafía las leyes de una sociedad patriarcal. Pero Emma no es nada de eso. La imaginación de Emma se alimenta de escenas triviales, de un romanticismo barato de alcobas secretas, encuentros galantes a la luz de la luna, besos robados, suspiros, lágrimas, murmullos de éxtasis. Flaubert se burla de su heroína, desprecia lo sentimental y lo ñoño, y Emma es así, no debéis olvidarlo: va en busca de una belleza mediocre, quiere rodearse de cosas lujosas y superfluas, pero el impulso que la anima es todo menos trivial.

> Cuanto tenía cerca, cuanto la rodeaba, campo aburrido, clase media estúpida, mediocridad de la existencia, le parecía una excepción en el mundo, una casualidad particular que la tenía atrapada, mientras que, más allá, se extendía hasta perderse de vista el país inmenso de las dichas y las pasiones. [...] En las demás existencias, por muy vulgares que fuesen, había al menos la oportunidad de algún acontecimiento. De una aventura nacían a veces infinitas peripecias, y el telón de fondo cambiaba. Pero a ella no le pasaba nada. ¡Así lo había dispuesto Dios! El porvenir era un pasillo completamente a oscuras y, al fondo, solo había una puerta bien cerrada.[24]

Emma no se resigna a una vida ordinaria y prosaica, tiene impulsos casi místicos, y vuelca esa sed de infinito, de belleza, en la única aventura que podía vivir una mujer burguesa del siglo XIX: una relación clandestina. Pero Emma no busca el placer porque sí, no busca un modo de pasar el tiempo. Como Don Quijote, es un personaje que no se conforma con el aquí y ahora, con la existencia terrenal, sino que sueña con un ideal en otra parte, un amor ideal. Aspira a la pasión, al éxtasis, al delirio. Al final, se suicida no porque descubra que no es correspondida, sino porque su ideal se hace añicos. Emma, como heroína literaria, está destinada a un final trágico, pero para mí no representa solo a la mujer que toma decisiones equivocadas en el amor, sino el símbolo de una búsqueda, del deseo del alma de querer apropiarse de algo que va más allá de la vida material.

La normalidad de ser extraños

Franz Kafka

Imagínate que te despiertas una mañana. Abres los ojos, das vueltas en la cama intentando saborear los últimos momentos de sueño, miras el despertador que suena en la cómoda y piensas: «¡Dios, qué tarde es!». El maldito aparato no ha sonado. De repente, llaman a la puerta: «¡Son las siete menos cuarto!». Haces ademán de contestar, pero en cuanto abres la boca, oyes que hay algo extraño en tu voz, que suena ajena a tus propios oídos; mientras tanto, te observas y te das cuenta de que tu cuerpo se ha vuelto rígido e inmensamente grande, y, en lugar de brazos y piernas, te encuentras con unas extrañas patitas.

Cuando, una mañana, Gregor Samsa se despertó de unos sueños agitados, se encontró en su cama transformado en un bicho monstruoso. Yacía sobre su espalda, dura como un caparazón, y al levantar un poco la cabeza vio su vientre abombado, pardo, segmentado por induraciones en forma de arco, sobre cuya prominencia el cubrecama, a punto ya de deslizarse del todo, apenas si podía sostenerse. Sus numerosas patas, de una deplorable delgadez en comparación con las dimensiones habituales de Gregor, temblaban indefensas ante sus ojos.[1]

Leí *La metamorfosis* a los quince años y no la entendí. Recuerdo que me intrigaba este librito de título extraño y aspecto vagamente amenazador, pero en cuanto empecé a leerlo, sentí una mezcla de incredulidad e irritación. Está ese tipo, Gregor Samsa, que una mañana se despierta en su cama y descubre que se ha transformado en un gigantesco insecto. Gregor se adapta a su condición y, tras un susto inicial, su familia retoma su vida habitual, esforzándose por fingir que nada ha sucedido y por ocultar a los extraños la desgracia que los ha golpeado.

Acabé la lectura de *La metamorfosis* confusa. Lo confieso, no me pareció una novela significativa. La historia no tenía un nexo lógico y las reacciones de los personajes eran absurdas. Con toda la ingenuidad de mis quince años, pensé: «¿Cómo es posible que, ante un acontecimiento tan excepcional, un hombre que se convierte en insecto, todos sigan su vida sin inmutarse?». No lograba entender por qué se consideraba a Kafka uno de los grandes de la literatura, cómo podían ponerlo en el mismo plano que un Tolstói, un Dostoievski, un Mann. Cuando leí *La metamorfosis,* lo hice con la impresión de tener entre las manos un libro escrito en un idioma incomprensible. No me malinterpretéis, Kafka usa un lenguaje claro, sencillo, sin adornos, pero, aun así, su libro me daba repulsión. Vagamente intuía que debía de haber algo poderoso, importante, oculto entre líneas, pero ese algo seguía escapándoseme. De vez en cuando, a lo largo de los años, volvía a hojear aquel extraño librito con una mezcla de curiosidad e irritación; Kafka era un enigma para mí, era como un acertijo que no lograba resolver.

No comprendí realmente a Kafka hasta mi segundo año de universidad. Fascinada por la historia, elegí un curso de Historia Medieval y tuve la suerte de contar con un profesor que me habló sobre la lectura alegórica y el poder de la metáfora.

Aquel momento fue mi revelación, mi propio camino de Damasco. Hasta entonces, Kafka me había parecido inaccesible, y no por mi juventud: podría haberlo leído incluso a los treinta años y habría seguido sin entenderlo. El problema es que nadie me había enseñado a descifrar el simbolismo oculto en su obra. Para leer *La metamorfosis,* hay que abordarla como una novela policíaca, pero, en lugar de buscar al asesino, el misterio reside en descifrar su significado. Con *La metamorfosis,* Kafka construyó un relato que es, en esencia, una gran parábola.

«¿Por qué miras la paja que está en el ojo de tu hermano y no adviertes la viga en el tuyo?», dice la célebre parábola de Jesús. El significado de esta parábola es muy claro: no juzgues a los demás, pues nadie es perfecto. Pero este concepto abstracto no tiene la misma fuerza, la misma inmediatez, que la imagen de la paja y la viga.

LA LECTURA ALEGÓRICA

Sabemos que nuestro cerebro recuerda mucho más fácilmente las imágenes que las palabras. Es una actitud instintiva, innata. El hombre prehistórico no conocía la escritura. Su vocabulario era limitado. Antes de la escritura (que se remonta alrededor del año 3000 a. C.), durante millones de años el hombre primitivo tuvo que confiar en lo que veía para sobrevivir. Memorizamos con más facilidad los conceptos que pueden traducirse fácilmente en imágenes.

En el acto mismo de descifrar una metáfora tiene lugar un proceso creativo: es como si nuestra mente tuviera que desenredar una madeja, resolver un acertijo. Cuando leemos un libro, nos topamos continuamente con metáforas y alegorías. Nos resulta fácil reconocerlas en el texto. Pero si un libro entero, como *La metamorfosis,* está escrito en forma de metáfora, cuando es toda la historia, desde sus cimientos, la que es una gigantesca alegoría, debemos aprender a descifrarla. Armada con esta nueva percepción, fui en busca de los símbolos ocultos en la obra de Kafka, la leí con otros ojos y, finalmente, el libro me reveló su belleza, su complejidad.

La metamorfosis es una novela absurda, pero también lo son *La nariz,* de Gógol, y *El Maestro y Margarita,* de Bulgákov. Casi siempre hay un elemento sobrenatural en las novelas absurdas, pero es muy diferente del que puebla las novelas fantásticas. En una novela fantástica hay fantasmas, posesiones, pociones mágicas capaces de convertir a un médico en asesino, pero siempre hay una lógica de fondo que sostiene estos acontecimientos. Cuando a Hamlet se le aparece el fantasma de su padre, cuando el mago Próspero invoca al espíritu Ariel para que cumpla su voluntad, cuando Poseidón lanza una maldición sobre el viaje de Ulises, los lectores aceptamos estos acontecimientos como verosímiles y plausibles, porque están insertados en un contexto religioso o mitológico que asigna un lugar preciso a lo sobrenatural. La magia es parte integrante de la arquitectura de los mundos fantásticos, tiene sus reglas, sus leyes.

....

CÓMO LEER LAS NOVELAS ABSURDAS

En las novelas absurdas ocurren metamorfosis, hechizos y transformaciones que tienen un carácter inexplicable; y es precisamente esto lo que genera una sensación de extrañamiento en quienes son víctimas de ello y, por extensión, en nosotros, los lectores. En el cuento «La nariz», un hombre se despierta y descubre que su nariz ha desaparecido de su cara; en *El Maestro y Margarita,* toda una serie de personajes que parecen salidos del País de las Maravillas de Carroll deambulan por las calles de Moscú: gatos negros grandes como caballos, extraños demonios de apariencia semihumana y mujeres que vuelan en escobas sembrando el caos en la vida de la ciudad. Y hay que tener presente que, tras el estallido de la Revolución de Octubre y el nacimiento de la Unión Soviética, Moscú era una ciudad atea, porque la única «fe» permitida era la fe en el Partido.

No se puede leer una novela absurda interpretándola en sentido literal. Debéis dejar de lado temporalmente vuestra racionalidad, vuestro escepticismo, y avanzar como en una suspensión onírica, en un sueño: lo alto se convierte en bajo, todo está al revés, patas arriba, y vosotros mismos os encontraréis cabeza abajo, pero esta inversión tiene el gran mérito de ofreceros una atalaya insólita desde la que interpretar la realidad.

....

Un gran escenario de locos

«¿Qué puede ser para mí más fantástico e inesperado, y hasta más inverosímil, que la realidad?»,[2] anotaba Dostoievski en sus diarios. Unos siglos antes, Shakespeare puso en boca del rey Lear una definición del mundo: «un gran escenario de idiotas».

Quisiera invitaros a reflexionar precisamente sobre esto: lo absurdo no es algo ajeno a la realidad, sino que ocupa un lugar bien preciso en nuestro universo. En la definición de absurdo podemos englobar todos esos sucesos extraños, insólitos, aparentemente inexplicables, que ocurren rara vez en la vida. ¿Quién se esperaría ir por la calle y ser alcanzado por un rayo? Sin embargo, cada año se produce un centenar de víctimas de este tipo de accidentes. Es un suceso tan raro que, cuando ocurre, tachamos este fenómeno de «absurdo».

Consideremos ahora la otra gran obra de Kafka, *El proceso,* en la que Josef K., acusado de quién sabe qué delito, es sacado de su vivienda, encarcelado y obligado a asistir a su juicio sin saber de qué se lo acusa, quién lo hace o por qué. Parece absurdo, ¿no? ¿Cómo podemos relacionar esta extraña vicisitud con el mundo regido por leyes y normas que reconocemos como nuestro? Sin embargo, estos «procesos farsa», en los que el acusado desconocía los cargos y era obligado a declararse «culpable», fueron habituales en el siglo XX bajo los regímenes totalitarios. En la Unión Soviética de Stalin, el escritor teatral Meyerhold, invitado a enmendar sus «excesos artísticos» desaprobados por el Partido, se negó a someterse a la censura. Cinco días después fue detenido, interrogado y obligado a declararse, bajo tortura, enemigo del pueblo.

Al final, lo absurdo entra en la realidad más a menudo de lo que uno se imagina. A este respecto, quiero contaros algo que me ocurrió. Cuando escribí en mi página de Facebook un post sobre la escultora francesa Camille Claudel, encerrada injustamente en un manicomio por su familia, recibí una notificación en la que se me acusaba de haber cometido una «violación de las normas comunitarias» no especificada, sin que se me diera la oportunidad de defenderme o de conocer cómo y por qué mi artículo había sido juzgado por el algoritmo como una «violación». Se trata de una nimiedad, por supuesto, pero en ese momento tuve una pequeña muestra de los procedimientos kafkianos descritos en *El proceso*.

Los relatos de Kafka nos obligan a confrontarnos con la idea de un mundo dominado a veces por acontecimientos que escapan a nuestra comprensión, a cuestionar nuestra idea de justicia, seguridad y orden. Como lectores, nos perturban con una sacudida psíquica capaz de hacer tambalear los cimientos sobre los que hemos construido nuestra existencia. Esta idea de la literatura como perturbación psíquica es precisamente lo que Kafka buscaba en sus lecturas: «Solo deberíamos leer, creo, libros que muerdan y pinchen —escribió a los veinte años, en una carta a su amigo Pollak—. Pero necesitamos los libros que incidan en nosotros como una desgracia que nos duele, como la muerte de alguien a quien queríamos más que a nosotros mismos, como si nos desterraran a los bosques, lejos de todos los seres humanos, como un suicidio, un libro debe ser el hacha para el mar helado de nuestro interior».[3]

El significado del cuerpo

Nunca se dice en qué tipo de insecto se ha transformado Gregor Samsa. Los lectores no sabemos si se trata de un escarabajo u otra cosa: Kafka se limita a describir el vientre convexo de Gregor, el caparazón parduzco que lo cubre. Todo cuanto sabemos es que, un buen día, Gregor se despierta y descubre que su cuerpo ha adquirido rasgos monstruosos. Al principio de su metamorfosis, Gregor no está familiarizado con su nuevo cuerpo: es torpe, está incómodo, se siente a disgusto; cuando intenta bajar de la cama, calcula mal las distancias y choca con los postes.

> Habría necesitado brazos y manos para incorporarse, pero en su lugar solo tenía esas numerosas patitas que no paraban de agitarse en todos los sentidos y que él, además, era incapaz de controlar. Si intentaba doblar alguna, esta era la primera que volvía a estirarse, y cuando por fin lograba hacer lo que quería con ella, las restantes proseguían, como abandonadas a sí mismas, con su extrema y dolorosa agitación.[4]

A lo largo de la narración, Kafka subraya continuamente las dificultades a las que se enfrenta Gregor para tomar posesión de su nuevo cuerpo. El *cuerpo* es el primer tema alegórico que atraviesa la obra de Kafka. Pero ¿qué es el cuerpo?

El cuerpo es el «barco», el envoltorio que permite a nuestra mente/alma habitar el mundo. El cuerpo es lo que mostramos a los demás, y es lo que los demás ven cuando nos miran. El cuerpo nos define, nos da concreción, nos proporciona una identidad: hombre/mujer, gordo/delgado, guapo/feo, joven/viejo. Pero a lo largo de la vida, nuestro cuerpo está sujeto a numerosas transformaciones, a «metamorfosis» no menos dramáticas que la vivida por Gregor Samsa. Durante la adolescencia, los miembros se alargan, el tórax se ensancha, los senos se desarrollan, el rostro pierde las redondeces de la infancia; el adolescente, a menudo, se siente incómodo en ese nuevo cuerpo que habita, un cuerpo que siente impulsos «ajenos», es decir, extraños a la mentalidad del niño. En la vejez, el cuerpo sufre otra metamorfosis: si antes se alargaba, se fortalecía, ahora se acorta, pierde fuerza. La mujer sufre una gran transformación durante el embarazo: múltiples e imperceptibles alteraciones químicas y fisiológicas cambian su cuerpo para acoger la nueva vida.

A menudo, durante estas transformaciones, nos cuesta acostumbrarnos a las nuevas formas que ha adquirido nuestro cuerpo, igual que le ocurre a Gregor. Nos sentimos a disgusto en nuestra piel. Pensad en los juicios que vertemos continuamente sobre el cuerpo, el nuestro y el de los demás: demasiado gordo, demasiado delgado, demasiado alto, demasiado bajo, demasiado viejo... A menudo luchamos contra él, lo estigmatizamos, y los trastornos alimentarios son la expresión de un malestar amplificado, de un rechazo hacia el cuerpo que la naturaleza nos ha donado.

Si tratamos de traer a la mente estas sensaciones, no nos costará comprender el estado de ánimo que experimenta Gregor cuando se ve obligado a habitar ese «cuerpo voluminoso». ¿Y quién mejor que Kafka podría dar voz a este malestar íntimo y secreto que guardamos celosamente en la ciudadela de nuestro yo, avergonzados de manifestar a los otros «que no nos gustamos a nosotros mismos»?

Kafka era un hombre alto y delgado. Lo que llama la atención en sus fotografías son los grandes ojos grises que solía mantener muy abiertos y que le daban un aire extraordinariamente atento, casi extasiado. Este hombre de mirada pensativa, que prefería la ropa sobria y poco llamativa, tuvo durante toda su vida una relación atormentada con su cuerpo. Me lo imagino con un abrigo de loden y el habitual sombrero de fieltro, avanzando a pasos rápidos por el casco antiguo de Praga, inmerso en el torbellino de sus pensamientos y, al mismo tiempo, dolorosamente consciente de su cuerpo, que atrae las miradas de los transeúntes ocasionales. Escribe en su diario:

> Andaba con la espalda encorvada, los hombros caídos, los brazos y las manos en cualquier parte; temía encontrarme con los espejos, porque me mostraban una fealdad que a mi entender era inevitable.[5]

No había nada desagradable o anormal en su aspecto. Al contrario, quienes lo conocieron lo describían como un hombre seductor, de mirada magnética, pero Kafka nunca estuvo a gusto en su piel, agobiado toda la vida por la comparación con el cuerpo imponente de su padre, que, como la mayoría de sus parientes, era un hombre ancho de espaldas y macizo. Kafka, en cambio, había heredado de su madre una constitución física más delicada.

> Tu sola presencia física bastaba para anonadarme. Por ejemplo, recuerdo que muchas veces nos desnudábamos juntos en una caseta. Yo flaco, débil, poca cosa; tú fuerte, grande, ancho. Yo ni siquiera necesitaba salir de la caseta para sentirme un guiñapo, y no solo a tus ojos, sino a los del mundo entero, pues tú eras para mí la medida de todas las cosas. Luego salíamos de la caseta y nos mostrábamos a las miradas, yo cogido de tu mano, un pequeño esqueleto que caminaba inseguro, descalzo sobre las tablas [...].[6]

Siempre he considerado *La metamorfosis* y *Carta al padre* como una única novela. *Carta al padre,* una suerte de panfleto que un hijo-esclavo escribe en contra de un padre-amo, parece ser el comentario, la paráfrasis de *La metamorfosis.* Como es natural, Kafka no tenía esta intención. Cuando escribió esta carta, nunca enviada y publicada póstumamente, solo quería confiar al papel el dolor y las aflicciones de su alma. Pero para nosotros, los lectores, es como un mapa con el que podemos comprender el alma de Kafka.

La mente/alma

En los días siguientes a su metamorfosis, Gregor va tomando conciencia de las consecuencias de su cambio.

> Ahí había una escudilla llena de leche azucarada en la que nadaban rodajitas de pan blanco. Estuvo a punto de llorar de alegría, pues tenía aún más hambre que por la mañana, y al instante sumergió la cabeza en la leche casi hasta la altura de los ojos. Pero pronto volvió a sacarla desilusionado; y es que no solo comer le creaba dificultades debido a la lesión en su costado izquierdo —podía comer únicamente si todo el cuerpo colaboraba jadeando—, sino que, encima, la leche, hasta entonces su bebida predilecta —seguro que por eso se la había traído la hermana—, no le gustó nada esta vez; es más, se apartó casi con asco de la escudilla y regresó a rastras al centro de la habitación.[7]

Gregor descubre que sus gustos han cambiado: la comida que antes le encantaba ahora le repugna; su propia habitación, esa habitación alta y vacía en la que vive desde hace cinco años, «lo angustia, sin poder comprender la razón».[8] En el cuento *Las memorias de un loco* de Tolstói, hay un hombre que, en la habitación de un hotel de Arzamás, tiene una especie de iluminación sombría: el pensamiento de la muerte pasa ante sus ojos.

Cuando la idea de la muerte te invade por primera vez, altera tus percepciones, tus valores. No es necesariamente algo negativo: la conciencia de la propia mortalidad puede traducirse en un renovado impulso hacia la vida, hacia el deseo de saborear el instante, de indagar en los aspectos más espirituales de la existencia. El protagonista del relato de Tolstói, en cambio, se empeña en retomar su vida exactamente como la dejó. Vuelve a sumergirse en sus ocupaciones habituales, a leer lo que ya había leído en el pasado, y se asombra al no lograr extraer placer de las actividades de antes.

Siempre hay un momento en la vida en el que nos damos cuenta de que «algo ha cambiado», de que nosotros mismos hemos cambiado. Ideas que en el pasado considerábamos acertadas, correctas, irrefutables, de repente se desmoronan ante nuestros ojos; lo que antes nos divertía, ahora nos irrita o nos aburre; los lugares que frecuentábamos, las amistades que elegíamos, los libros que leíamos... Con asombro nos damos cuenta de que nuestros gustos han cambiado. No siempre sabemos explicarnos el porqué de esta metamorfosis. Solo sabemos que ha ocurrido. Rastrear el cómo y el porqué puede ser importante, pero eso no nos libra de la pregunta principal: ¿qué hacer con esta transformación, cómo vivir ahora?

La desaparición de los padres, la manifestación de una enfermedad, una decepción amorosa, pero también acontecimientos positivos, como la obtención de un nuevo empleo o una maduración psíquica, desencadenan estas metamorfosis del alma. Metamorfosis precedidas de una fase de transición, de reajuste. El alma vacila: a sus espaldas tiene un territorio familiar, conocido, y, por eso, tranquilizador, mientras que ante sí encuentra una tierra incógnita, hecha de frondosos bosques poblados de frutas y flores exóticas y extraños pájaros de plumaje desconocido.

Gregor se aferra a su antigua vida, piensa y actúa como si todavía fuera el hombre de antes. Sus familiares, al igual que él, no aceptan su metamorfosis. Al principio, lo alimentan como si aún fuera un hombre: «La hermana reparó sorprendida en la escudilla todavía llena, de la que solo se había derramado un poco de leche».[9] El mismo asombro siente la madre de Hamlet en la famosa tragedia de Shakespeare:

Algo habréis escuchado referente a la transformación de Hamlet. Así la llamo, porque ni por dentro ni por fuera ese hombre se parece al que fue.[10]

La reina ruega a sus amigos que investiguen el alma de su hijo, que lo ayuden a que recupere su aspecto de antaño. Percibe la transformación de Hamlet como una enfermedad y quiere descubrir su causa, «para que esté en nuestro poder curarla».[11] El uso de la palabra «curar» no es casual.

Gregor ha adquirido un aspecto estéticamente repugnante; Hamlet, un comportamiento moralmente incomprensible. Si en el primero la causa de su drástico cambio sigue siendo un misterio, el segundo finge estar loco para desenmascarar al asesino de su padre. Sin embargo, la metamorfosis de ambos es algo que quienes los rodean querrían negar o «sanar». Hay una célebre máxima del dramaturgo irlandés George Bernard Shaw que dice: «El único hombre realmente sensato en mi vida era mi sastre: me tomaba las medidas cada vez que me veía, mientras que todos los demás conservaban mis viejas medidas y esperaban que yo encajara».[12]

Así como nos cuesta aceptar nuestros propios cambios, nos cuesta igualmente aceptar los de nuestros seres queridos: exigimos que sigan siendo los mismos y sufrimos al descubrirlos diferentes, sin darnos cuenta de lo absurda que es nuestra exigencia.

Poco a poco, sin embargo, Gregor empieza a familiarizarse con su metamorfosis. Descubre que «le gustaba quedarse arriba, colgado del techo; era algo totalmente distinto a yacer en el piso, se respiraba con mayor libertad, un leve balanceo le recorría a uno el cuerpo».[13] Gregor descubre que es una criatura extraña, ni terrestre ni alada; ansía diferentes altitudes, nuevos horizontes. Hay algo muy interesante que afirma Nabokov: «El escarabajo Gregor no llega a descubrir que tiene alas bajo el caparazón de su espalda».[14] Y así pasa la mayor parte de sus días, escondido; desde la ventana de su habitación observa el mundo, pero no tiene el valor de traspasar ese umbral.

Gregor podría haberlo cruzado, sobrevolado los tejados, observado con su nueva visión la ciudad desde lo alto, ir donde solo están las estrellas, los árboles y el viento, y, gracias a su nuevo cuerpo, más fuerte y liviano que el de un hombre, podría haberse elevado a los cielos. Pero el miedo lo mantiene prisionero en una habitación. En lugar de disfrutar de su metamorfosis, de poner a prueba su fuerza, se encierra en un cuartito, símbolo de su viejo yo, y lo convierte en su prisión. Lo trágico de *La metamorfosis* no es la transformación de Gregor en un insecto, sino el hecho de que la niegue y luche contra ella. Gregor lucha contra sí mismo, se rechaza hasta el punto de no darse cuenta de que tiene alas.

Franz Kafka y su relación con el padre

«Mamá se ha desmayado, pero ya se encuentra mejor. Gregor se ha escapado». «Ya me lo esperaba», dijo el padre; «os lo he dicho siempre, pero vosotras, las mujeres, no queréis escuchar». Gregor tuvo claro que el padre había interpretado mal el escuetísimo mensaje de Grete y sospechaba que Gregor había perpetrado algún acto violento. [...] Ya desde el primer día de su nueva vida sabía que, con respecto a él, su padre solo consideraba oportuna la máxima severidad. Echó, pues, a correr delante del padre, deteniéndose cuando este lo hacía y emprendiendo una nueva carrera apenas el padre se movía. [...] De todas formas, tuvo que decirse que no resistiría mucho tiempo esas carreras, porque mientras el padre daba un paso, él tenía que realizar un sinnúmero de movimientos.[15]

El padre de Gregor es como una sombra amenazante que se cierne sobre toda la novela. Esta figura del padre tirano reaparece continuamente en las obras de Kafka. El verdadero padre del escritor, Hermann Kafka, comparte, junto con Monaldo Leopardi, el padre de Thomas Mann, Agamenón y decenas de otras figuras célebres de nuestra literatura, el título de padre despótico.

> Siempre tenías razón, y cualquier otra opinión tenía por fuerza que ser absurda, extravagante, lunática, anormal. Confiabas en ti mismo hasta tal punto que incluso podías prescindir de ser coherente contigo mismo: eso no te privaba de tener razón. [...] Adquiriste a mis ojos el carácter enigmático de todos los tiranos, cuya infalibilidad emana de su persona, no de su pensamiento. O por lo menos así me lo parecía.[16]

En 1883, Hermann Kafka era un comerciante exitoso. Hijo de un humilde carnicero, logró conquistar la riqueza y un estatus social del que se sentía orgulloso. Era un hombre enérgico, exuberante y autoritario, que valoraba por encima de todo la fuerza, la tenacidad y la iniciativa. Ninguna de estas cualidades las encontraba en su primogénito.

Como único hijo varón, Franz Kafka estaba destinado a hacerse cargo del negocio de su padre, a ser su heredero. En cambio, era un niño tímido, al que le encantaba leer y estar solo. No tenía vocación de hombre de negocios. Su padre nunca comprendió las «rarezas» de su hijo, su vocación literaria; cuanto más intentaba impulsarlo a ser el hombre que él quería que fuera, más se encerraba Kafka en su caparazón.

Imaginaos un imponente edificio con el altisonante nombre de «Compañía de Seguros de Accidentes de Trabajo». De repente, se abre de par en par la puerta principal y por ella sale un joven de veinticinco años con abrigo y bombín. Ese joven es Franz Kafka. Al terminar la universidad, Kafka aceptó un empleo en esta Compañía, sacrificando su vocación literaria; un trabajo que su padre llamaba despectivamente *Brotberuf*, literalmente 'trabajo de pan', es decir, bueno solo para sobrevivir, pero no para hacerse rico. El joven Kafka atraviesa las calles de Praga a paso ligero, como un soldado de incógnito en tierra extranjera. Una extraña ansiedad lo inquieta, le hace fruncir el ceño. Mientras recorre la calle Celetná, mira a su alrededor con la esperanza de que no lo reconozcan, de no cruzarse con una cara familiar. Cuando por fin llega a la casa número 3, suspira aliviado. La puerta se cierra tras él con un golpe seco y la tensión lo abandona: ha regresado a la seguridad de su casa-fortaleza.

El sueño de Kafka siempre fue vivir rodeado de altos muros que lo aislaran del resto del mundo, del ruido, del bullicio de las grandes multitudes. Prefería el silencio y la tranquilidad de su piso. La soledad le era necesaria, la buscaba en todo momento. «Debo estar muy solo —escribió en una carta a Max Brod—. Lo que he producido hasta ahora es todo el efecto de mi soledad. Detesto todo lo que no tiene relación con la literatura, me aburren las conversaciones [aunque se refiera a la literatura], las visitas. [...] Las conversaciones sustraen la importancia, la seriedad y la verdad de todo lo que pienso».[17]

Kafka llevó una existencia apartada, lejos de los focos que tantos otros artistas buscaban. Cuando enfermó de tuberculosis, ocultó la gravedad de su dolencia para no alarmar a su familia. Siempre fue un hombre reservado, de pocas palabras. Me lo imagino caminando en silencio por Praga, pero más aún con la pluma en la mano, escribiendo sin cesar..., lo único que consideraba verdaderamente importante y a través de lo cual podía ser él mismo por completo.

Diferente, por lo tanto, excluido

Todas las familias felices se parecen; las desdichadas lo son cada una a su modo.[18]

La frase inicial de *Anna Karénina* es, junto con la de *Orgullo y prejuicio*, una de las más célebres del mundo. La felicidad rara vez puede explicarse o atribuirse a una causa precisa. Quienes son felices saben que lo son, pero no se preguntan por qué lo son, y les cuesta cavilar sobre las razones de su estado de ánimo. La infelicidad, en cambio, siempre tiene causas muy específicas y personales. Una esposa descubre la traición de su marido, he ahí la razón de la infelicidad de la familia Oblonski en *Anna Karénina*.

La causa de la infelicidad de la familia de Gregor es muy distinta. Antes de la metamorfosis, Gregor era un hombre perfectamente normal. El narrador nos cuenta que era viajante. Gracias a su trabajo, mantenía a su padre en paro, a su madre enferma de asma y a su hermana, demasiado joven para encontrar un empleo. Por esta hermana sentía un afecto tierno, casi paternal.

> Solo la hermana había permanecido muy unida a Gregor, cuyo propósito secreto era enviarla al conservatorio el año siguiente —a diferencia de su hermano, a ella le gustaba mucho la música y tocaba el violín con sentimiento—, sin preocuparse por los elevados gastos que inevitablemente ocasionaría y que ya intentaría compensar de otra manera.[19]

Todos aceptan agradecidos su dinero, pero cuando Gregor «enferma», cuando se transforma en un insecto, la serenidad familiar se desmorona. El padre, la madre y la hermana se ven obligados a encontrar trabajo.

¿Quién, en esa familia agotada por el trabajo y rendida de cansancio, podía tener tiempo para ocuparse de Gregor más de lo estrictamente necesario? El presupuesto familiar se iba reduciendo cada vez más; la criada fue finalmente despedida [...]. Llegaron incluso a vender una serie de joyas de la familia [...]. Sin ponerse a pensar ya con qué podría darle un gusto particular a Gregor, la hermana, antes de irse a trabajar por la mañana y al mediodía, empujaba a toda prisa con el pie cualquier pitanza al interior de la habitación, para luego, por la noche, sin fijarse si él la había probado o —y este era el caso más frecuente— si la había dejado intacta, recogerla de un escobazo.[20]

Tras el descubrimiento de su transformación, Gregor queda aislado, como portador de una extraña e incomprensible enfermedad. Gregor simboliza al paria, al excluido de la gran familia humana por ser percibido como «diferente». Es la imagen del hombre acosado, atormentado y despreciado porque quienes lo rodean no comprenden su naturaleza. «Si vosotros no os dais cuenta, yo sí lo veo claro», declara su hermana: «No quiero pronunciar el nombre de mi hermano ante este monstruo, por lo que diré simplemente: debemos intentar librarnos de él».[21] Y luego insiste cada vez con mayor violencia: «¿Cómo podría ser Gregor? Si lo fuera, habría comprendido hace ya tiempo que la convivencia entre seres humanos y un animal semejante es imposible y se habría ido por su propia voluntad».[22] La hermana de Gregor era tierna y afectuosa con él cuando este la colmaba de atenciones y cuidados; pero en cuanto él cruza el umbral que separa la normalidad de lo extraordinario, ella lo rechaza. En su diversidad solo ve algo monstruoso de lo que hay que deshacerse. No está dispuesta a transigir. Gregor es una amenaza, así que debe morir.

«¿Qué soy a ojos de la mayoría de la gente?», escribió Van Gogh en una carta a su hermano Theo. «Una nulidad o un hombre excéntrico o desagradable, alguien que no tiene un sitio en la sociedad ni lo tendrá; en fin, poco menos que nada».[23] Van Gogh solía llevar un extraño sombrero en el que fijaba velas para ver mejor por la noche los matices, los colores del cielo. Para sus paisanos, Van Gogh era un hombre desagradable, su mera visión despertaba desprecio, igual que la visión de Gregor para sus familiares.

El hecho es que la sociedad se mantiene unida por la cohesión, por el conformismo, y los que por alguna razón se salen de las filas reciben miradas de recelo, se convierten en objeto de burla. El talento y la diversidad se confunden a menudo con locura.

En la primera mitad del siglo XX, las mujeres que se negaban a someterse a las normas de sus padres, que manifestaban un espíritu rebelde o un interés por la vida política, el arte, la literatura, que, en definitiva, se convertían en una fuente de vergüenza para su familia, eran encerradas en manicomios. «Peligrosas para sí mismas y para los demás»[24] era la formulación genérica que utilizaban los médicos para redactar las historias clínicas de estos pacientes. El manicomio es el no-lugar donde se encierra a quienes amenazan el orden. A través del manicomio, la sociedad opera una separación, traza una frontera entre la «normalidad» y la «anormalidad». Una línea igualmente infranqueable separa la habitación donde Gregor está encerrado del resto de la casa. En ese cuarto reina la suciedad absoluta:

Franjas de mugre recorrían las paredes, y aquí y allá se veían ovillos de polvo y suciedad. Al principio, Gregor se colocaba en algún rincón particularmente sucio cuando llegaba la hermana para hacerle así, como quien dice, un reproche. Pero lo cierto es que habría podido quedarse allí semanas enteras sin que la hermana se aplicara; pues, aunque veía la mugre tan bien como él, había decidido no tocarla.[25]

Mientras escribía mi segunda novela, *Entrevista con un loco*, fui en busca de las historias de esas mujeres y esos hombres que la sociedad había definido como «locos». Aún recuerdo el horror que sentí cuando leí la historia de una chica internada a los quince años «porque salía a escondidas de noche». Pero llegó un momento en que ya no me bastaba con hojear los historiales médicos de estos pacientes y quise ver con mis propios ojos los antiguos manicomios diseminados por toda Italia. Fui a San Salvi, a Mombello, a Volterra. Los nombres son muchos, pero el hilo que los une es siempre el mismo. Hay uno en particular que se me quedó grabado: el manicomio de Ponton, a unos veinte kilómetros de Verona. Oculto por un bosque de pinos y robles, se alza a orillas del río Adigio.

Y caminando entre las ruinas de este lugar, entre paredes desnudas, camas oxidadas y ventanas rotas, me vino a la mente la habitación/prisión de Gregor, donde su familia lo había encerrado y dejado morir de hambre.

Como el Cristo de Caravaggio

La *Flagelación de Cristo* de Caravaggio siempre me ha hecho pensar en la novela de Kafka. Un hombre sujeta a Cristo, con las manos atadas a una columna, y tira de él por detrás y le golpea la pantorrilla para desequilibrarlo, mientras que, a su izquierda, un segundo verdugo, azote en mano, lo agarra por los cabellos para inmovilizarlo. El rostro de este último se me ha quedado dolorosamente grabado: la frente contraída por la cólera, los ojos brillantes, la expresión feroz. Se nota que está deseando empezar a golpear el cuerpo inerme de Cristo. Caravaggio quiso iluminarlo para mostrar su expresión. Ya ni siquiera parece un hombre, hay algo bestial en sus rasgos. ¿Recordáis la escena de «los Dos Minutos de Odio» que os describí al hablar de Orwell? Orwell y Caravaggio muestran lo mismo: que la violencia transforma a los hombres, altera sus rasgos, los vuelve bestiales.

Sin embargo, cuando leemos *1984*, solo sabemos que la multitud odia a Goldstein, el legendario enemigo del Partido, sin saber por qué. Lo odian y ya está, y les encanta odiarlo, pero no sabemos lo que Goldstein siente, lo que experimenta. Caravaggio, en cambio, muestra con gran y atormentada precisión el sufrimiento de Cristo. Cristo ya lleva la corona de espinas que le hiere la frente; mantiene la cabeza inclinada hacia abajo, los ojos entrecerrados, los labios apretados; soporta la violencia de esa mano que lo golpea y de esa cuerda que tira de él en silencio, igual que Gregor soporta sin reaccionar la violencia que le inflige su padre, que se ensaña con su cuerpo dolorido y herido. Kafka muestra al padre apedreando a Gregor con manzanas: se las lanza con tanta energía que una de ellas queda incrustada en su cuerpo durante más de un mes, como una corona de espinas simbólica. En otra escena, en la segunda mitad de la novela, Gregor sale de su habitación y cruza la línea invisible que lo separa del resto de la familia; entonces el padre lo devuelve a bastonazos a su celda, propinándole un golpe tan violento que le hace perder el sentido.

Lo realmente sorprendente es que, a lo largo de toda la novela, Gregor nunca alberga sentimientos de odio hacia su familia. Soporta en silencio, sufre y, al final, se deja morir de inanición para no abrumar a su familia con su presencia. Y, como Cristo, Gregor es víctima de un enemigo que hasta el final no reconoce su culpa.

«Pues bien», dijo el señor Samsa, «ya podemos dar gracias a Dios». Se santiguó, y las tres mujeres siguieron su ejemplo. Grete, que no apartaba la vista del cadáver, dijo: «Mirad qué delgado estaba. Ya llevaba mucho tiempo sin comer nada. Las comidas salían de la habitación tal y como entraban».[26]

El poder de los símbolos

¿Por qué Gregor se despierta una mañana y descubre que se ha transformado en un insecto? ¿Es su metamorfosis la proyección de su sentimiento de inadecuación? ¿Es una forma de autodefensa? Sabemos que trabajaba incansablemente para asegurar la supervivencia de su familia; ¿quizá la única forma que tenía de escapar de una familia que lo oprimía era a través de su enfermedad? ¿O se trató de un simple incidente? ¿Un suceso inexplicable, pero no por ello menos inverosímil que esas desgracias que ocurren de forma accidental?

Podemos formular varias hipótesis sobre por qué Gregor se convirtió en un insecto, pero nunca encontraremos una respuesta definitiva a esta pregunta, ni es relevante encontrarla. No importa si Kafka quería expresar un malestar personal, íntimo, con su propio cuerpo, si a través de la infelicidad familiar de Gregor escenificaba la infelicidad de su propia familia, si utilizó al padre-tirano de Gregor para exorcizar la figura del padre-tirano que había oprimido su infancia. Importa, sí, pero hasta cierto punto.

Kafka nos dio un símbolo que podemos hacer nuestro, una brújula para dar nombre a ese sentimiento de inadecuación que tal vez te asalta en ciertas mañanas lúgubres cuando te levantas de la cama y te sientes incómodo en tu pellejo, al asombro que os invade cuando descubrís que habéis experimentado una poderosa e inesperada metamorfosis interior.

Pero, sobre todo, Kafka os ha ofrecido una oportunidad para alimentar vuestra imaginación, para poner nombre a vuestros sentimientos. En el Génesis, la primera tarea que Dios asignó a Adán fue la de imponer un nombre a las cosas. Adán nombra a los animales y así los identifica, los reconoce, los hace suyos. Gracias a las palabras, las formas confusas que lo rodean adquieren un semblante preciso: ese ser se convierte en un perro; aquel otro, en un loro; otro, en un ca-

167

mello. Adán descubre y crea el lenguaje y, en el acto mismo de este descubrimiento, descubre el mundo que lo rodea.

Gregor, Hamlet, Macbeth, Raskólnikov y Anna Karénina son símbolos que hacen que las sombras que habitan en nuestro inconsciente sean «de carne y hueso». La literatura es un juego, una representación teatral, un espectáculo gracias al cual «aprendemos a morir, nos entrenamos en la piedad y el terror, ejercitamos los músculos de la respuesta psíquica al miedo. [...] Hay crecimiento, hay expansión, hay emoción en ese momento».[27] A través de la imaginación, al meternos en la piel de los grandes personajes trágicos, nosotros mismos podemos saborear venganzas y pasiones, caídas y redenciones, y gracias a este juego de la identificación, podemos aumentar el conocimiento de nosotros mismos, de las proporciones de nuestra alma, nuestras fragilidades y nuestras sombras.

Y precisamente ese es el poder de la literatura: nos ofrece personajes que son símbolos, personificaciones de nuestros estados de ánimo, de nuestras emociones y nuestro malestar interior. Nos ayuda a dar un nombre a esas emociones, a reconocerlas. Leer se convierte así en una herramienta para comprendernos a nosotros mismos y, a través de esos personajes, realizar nuestra propia catarsis interior.

El relato minucioso del espíritu de los personajes

Alessandro Manzoni

Si tuviera que elaborar una lista de los clásicos más temidos de todos, quizá *Los novios* ocuparía el primer lugar. ¿Por qué? Muchos estudiantes se preguntan por qué todavía hay que estudiar esta novela en la escuela. Manzoni, poeta lírico, historiador, novelista, lingüista, amante esposo y padre de familia, está considerado, después de Dante, uno de los padres de la lengua italiana. Gracias a *Los novios,* generaciones de italianos han aprendido a leer y hablar en italiano. Tras la unificación, tener una lengua común era el primer objetivo que había que alcanzar para convertir un conjunto territorial fragmentario en un Estado cohesionado. Pero ahora que el objetivo de tener una lengua unitaria y compartida se ha logrado ampliamente, ¿aún vale la pena leer a Manzoni? Profesores, filósofos, periodistas e incluso directores como Carlo Vanzina se han hecho la misma pregunta que atormenta a los jóvenes: ¿tiene todavía *Los novios* algo que decirnos?

Estoy convencida de que sí. Porque en *Los novios* se habla de amor, de guerra, de peste, de revueltas populares, de fe y de higiene pública; de desigualdades sociales, de injusticias perpetradas por los poderosos contra los más débiles y de los conflictos interiores que atenazan el corazón humano. Están la política, los celos, el tormento de la conciencia. Están los temerosos, los valientes, los prepotentes, los oportunistas,

169

los incautos. Están los don Ferrante, que acumulan conocimientos sin un fin en sí mismo y hacen de la cultura solo una flor en el ojal para ostentar y dar la nota, y personajes como doña Prassede, siempre dispuestos a inmiscuirse en los asuntos de los demás, porque quieren «hacer el bien» a toda costa y disfrazan su presunción con la máscara de las buenas intenciones. ¿Quién de nosotros no se ha encontrado con un don Ferrante o una doña Prassede a lo largo de su vida?

En *Los novios,* la historia de los dos enamorados, Renzo y Lucía, se entrelaza con la gran historia, la de todos los hombres, la de todos nosotros. Lucía no tiene el encanto de Anna Karénina ni la atormentada tristeza de Nastasia Filíppovna, ni es una muchacha desenvuelta y divertida como Elizabeth Bennet. Lucía es tranquila, humilde; no es un personaje que salte a la vista, que llame la atención. Por eso, hoy en día muchos ven en ella a una heroína anticuada, representante de un modelo femenino demasiado sumiso. Pero ¿es realmente así? Imaginaos: está don Rodrigo, un hombre rico, arrogante y prepotente, al que todos temen y nadie se atreve a contradecir. Y nadie tiene el valor de enfrentarse a sus matones. Y está esta chica sencilla, de origen humilde, que rechaza sus insinuaciones. Y al final de la historia, es la fuerza de espíritu de Lucía, su perseverancia, su voluntad de no rendirse «incluso cuando todo está y parece perdido», lo que triunfa. ¿Os parece poco? ¿Poco actual?

«Pero, de todos modos, es un libro ambientado en una época diferente a la nuestra —objetará alguien—, una novela que pertenece a una sensibilidad diferente a la nuestra». Pues bien, el libro más antiguo de todos, *La epopeya de Gilgamesh,* se remonta a hace cuatro mil años. En él se encuentran costumbres, hábitos y modos de hablar muy alejados de los nuestros. Pero cuando Gilgamesh llora la muerte de su amigo Enkidu, cuando se pregunta: «¿Por qué existe la muerte?», su dolor y su desconcierto son idénticos a los nuestros.

Por tanto, la distancia temporal no es una buena razón para no leer una novela; los clásicos lo son precisamente porque saben ser universales. Manzoni nos habla de la implicación de Renzo en la revuelta de los panaderos, de la peste y de la caza de los *untori* (propagadores de la peste), de aquellos que intentaron aprovecharse de ella y de los que, como el cardenal Borromeo, se esforzaron por detener el contagio y poner freno a la superstición. En el momento en que Manzoni nos habla de la peste y luego, de pronto, nos muestra a esta mujer, la madre de Cecilia, de «una belleza velada y ofuscada»,[1] que sostiene entre sus brazos a una niña pequeña con un vestidito todo blanco, y con una gracia lenta y extraña la deposita en el carro del monje y le hace prometer al hombre que la sepultará tal como está, «sin quitarle ni un hilo»,[2] la distancia temporal entre nosotros y los personajes de Manzoni se anula. Estamos ahí, temblando junto con Renzo ante esta escena de una madre que se despide de su hijita recién muerta.

Sin embargo, hay que reconocer que en *Los novios* también hay ideas ya alejadas de nuestra sensibilidad: se habla de fe, honor y otros conceptos o valores que pertenecen a la mentalidad del siglo XIX, y es lógico que así sea. Por otra parte, sin embargo, no podemos pretender enfrentarnos solo a lo que nos es familiar o se alinea con lo que ya pensamos. Los antiguos griegos acuñaron la palabra *idiotes,* de la que deriva, como es fácil intuir, la palabra «idiota». Los *idiotes* eran aquellos que, a diferencia del ciudadano que llevaba una vida pública y se interesaba por la política, pensaban exclusivamente en sus asuntos privados, en su «pequeño jardín». No se preocupaban de conocer el mundo, de mirar más allá de su nariz. Hoy como antaño, los *idiotes* desprecian lo que no conocen, temen lo que no les es familiar. Todos tenemos que aprender a enfrentarnos también a lo que no nos resulta familiar o conocido, que está lejos de nosotros en el tiempo, el espacio o el pensamiento.

Y, además, una obra de arte siempre debe contextualizarse en su época. Acusar a personajes e ideas del pasado porque están lejos de nuestra sensibilidad o incluso la ofenden significa negar nuestra historia, cancelar los cambios que nuestra sensibilidad ha realizado en el transcurso de los siglos, perdernos una parte del viaje que nos ha convertido en lo que somos. Siguiendo esta lógica, deberíamos dejar de leer a Homero a los niños, dejar de estudiar a Shakespeare o a Dostoievski. Pero acercarnos a la literatura de este modo es matarla.

....

ABANDONARSE A LA CORRIENTE DE LA NOVELA-RÍO

Hay libros como *Los novios* o *En busca del tiempo perdido*, de Proust, que atraen y repelen al lector al mismo tiempo. Lo que asusta es el tamaño de estos libros: son densos, corpulentos, a menudo con cientos de personajes y nombres que recordar. El estilo de Manzoni (pero también el de Proust o Nabokov), lleno de incisos, subordinadas, digresiones que a veces dan vida a más digresiones, ha hecho dudar incluso a los lectores más valientes. Por eso me gustaría ofreceros una especie de brújula que os ayude a sumergiros en el gran océano de la escritura de Manzoni y a orientaros en su lectura.

Ese brazo del lago de Como que se vuelve a mediodía, entre dos sucesiones no interrumpidas de montañas, todo senos y golfos según estas asoman y se retiran, viene, casi de repente, a estrecharse y tomar curso y figura de río entre un promontorio a la derecha y una amplia ladera del otro lado; y el puente que allí une las dos riberas parece hacer aún más sensible al ojo esta transformación y señalar el punto en el que el lago deja de serlo y comienza de nuevo el Adda, que recuperará el nombre de lago donde las orillas, alejándose de nuevo, permitan al agua extenderse y aflojarse en nuevos golfos y senos.[3]

El inicio de *Los novios* se abre con una larga descripción y, a pesar de que en los diálogos de Manzoni se encuentra una agilidad, un dinamismo que nada tiene que envidiar a las novelas modernas, el lector acostumbrado al estilo rápido y ágil de la escritura contemporánea corre el riesgo de atascarse en las primeras líneas.

Pero volviendo a la cuestión de las descripciones, leer *Los novios* es como sumergirse en un río que fluye rápido e impetuoso. Vuestro primer instinto será el de luchar contra la corriente, pero el secreto es abandonarse a ella. No os detengáis demasiado en las digresiones, en los incisos; si perdéis el hilo del discurso, volved pacientemente al principio del párrafo y leedlo de nuevo, dejando que vuestros ojos fluyan sobre las líneas. No os obstinéis en querer memorizar cada curva, cada pliegue, cada recodo del río: dejaos transportar, sin oponer resistencia.

A veces, lo que ralentiza la lectura es la presencia de palabras obsoletas, un tanto arcaicas. En *Los novios* se encuentran términos como *mariolo* ('sinvergüenza'), *tanghero* ('patán'), *sodaglia* ('tierra compacta, sin labrar'), *soverchiatore* ('prepotente') y palabras no del todo desconocidas, pero poco usadas como *costui* ('ese'), *ella* ('ella'), *sconquasso* ('destrozo'), *ripigliar* ('retomar').

Leer un libro significa sumergirse en una historia, pero también sintonizar, acostumbrar el oído al vocabulario único del autor. Y es solo cuestión de ejercicio: cuanto más avancéis en la lectura, menos os «sonarán extrañas» las palabras de Manzoni.

Una buena manera de memorizar los términos desconocidos es buscar su significado y luego subrayarlos. El subrayado es un poderoso ejercicio mnemotécnico. Nuestra memoria, de hecho, funciona de forma selectiva. El cerebro almacena millones de datos: información visual, auditiva, olfativa, sensorial, conceptual. Es imposible recordarlas todas, motivo por el cual la mente opera una selección. Mientras

173

leemos, la mente recibe un flujo ininterrumpido de palabras que inevitablemente se perderá; pero basta con interrumpir el flujo por un instante, el tiempo necesario para buscar y subrayar esa palabra, y la memoria selectiva se activará.

LA TÉCNICA DE LOS SOBRENOMBRES

Los novios, como *Guerra y paz* y como *En busca del tiempo perdido,* es una novela coral. Es decir, en ella encontrarás muchos personajes diferentes que pueden considerarse como muchos hilos de un rico e inmenso tapiz. Si tuviera que imaginarme *Los novios* sin el relato de la madre de Cecilia o la presencia de doña Prassede, o *Guerra y paz* sin el impetuoso Dolójov o el joven Borís, el rufián por excelencia, el tapiz perdería parte de su esplendor. Sin embargo, una novela coral también presenta algunos inconvenientes. En *En busca del tiempo perdido* hay más de mil personajes, entre princesas y príncipes, duques, criados y transeúntes ocasionales. He adoptado una pequeña estratagema para que me resulte más fácil recordar sus nombres. Tomé prestada esta técnica de Homero. La *Ilíada* es un poema oral. No se leía, sino que lo recitaba un cantor, el aedo, que obviamente debía tener buena memoria. Para facilitarle a él y a sus oyentes el recuerdo de los personajes, Homero empleaba un pequeño «truco»: el epíteto. Un epíteto asocia a un personaje concreto una característica, una cualidad física o moral que facilita su memorización: Aquiles es el de pies veloces, Eneas es el piadoso, Héctor es el domador de caballos. Tolstói y Dickens también utilizaron esta técnica. En *Guerra y paz,* la esposa del príncipe Andréi, Lise, aparece siempre descrita con un pequeño detalle gracioso: su labio superior está levemente sombreado por una ligera pelusa.

Cada vez que la princesita aparece en una escena, Tolstói siempre se detiene a describir esta característica suya, que la hace inolvidable para nosotros, los lectores.

Lo mismo hace Dickens, que plagó sus novelas de sobre-
nombres y fórmulas recurrentes para describir a sus personajes; por ejemplo, los ojos rojos y los movimientos serpen-
tinos de Uriah Heep, el antagonista de David Copperfield.
Vosotros también podéis utilizar esta misma técnica. Cuando leo, me divierto inventando un apodo, un sobrenombre,
o asociando a un personaje una cualidad moral o física, una
expresión que me permita recordarlo incluso cuando ese
personaje quizá reaparezca cien páginas después.

No sé si habéis probado alguna vez el ritual de la sau-
na finlandesa y la posterior inmersión en agua helada; el
impacto inicial con el agua helada es desconcertante, pero,
después de un par de segundos, el cuerpo se acostumbra y
ya no siente el frío. Al contrario, se experimenta un deli-
cioso cosquilleo, una sensación de bienestar, una explosión
de energía. En definitiva, leer por primera vez *Los novios* es
una experiencia similar: el primer impacto es estremecedor,
difícil de soportar; pero, al cabo de un rato, las frases largas
y complejas de Manzoni y el ritmo de su prosa se vuelven
hipnóticos: un placer al que sería una verdadera lástima renunciar.

Un caballero esquivo y melancólico

En la plaza de San Fedele de Milán se alza la enorme estatua
de bronce de este hombre austero, con el ceño fruncido, la
nariz prominente y la cabeza inclinada hacia delante, concentrado en observar a los transeúntes desde lo alto. La obra
fue realizada en 1883 por Francesco Barzaghi para conme-
morar la desaparición del gran escritor. Cuando la vi por primera vez, tuve la impresión de encontrarme ante un hombre
severo, inflexible y pedante, con el que no habría sido nada

agradable conversar. Este es también el retrato que muchos estudiantes se han hecho de Manzoni, y esa escultura parece confirmarlo. Nada más falso.

Más veraz, psicológicamente hablando, es el cuadro del pintor Francesco Hayez, encargado por la segunda mujer de Manzoni, Teresa Borri, que quería transmitir una imagen suya menos heroica, menos embalsamada, pero mucho más sincera. En la pintura, Manzoni aparece sentado, con las piernas cruzadas, una expresión relajada, los labios que esbozan una sonrisa; pero lo que destaca en este cuadro son los ojos del escritor: pensativos, melancólicos, no exentos de dulzura. La mirada de Manzoni está casi ausente, como si persiguiera sus propios pensamientos y estuviera absorto en alguna reflexión íntima sobre el sentido de la existencia, el perdón, la redención y el bien y el mal.

El padre de la lengua italiana, un hombre que en su tiempo fue aclamado y ensalzado por las multitudes, que gozó de una enorme popularidad tanto en vida como después de su muerte, es en realidad un hombre tímido, gentil, esquivo, al que le gusta pasar el tiempo en soledad, inmerso en sus pensamientos. No ansía en absoluto la fama, y las grandes multitudes lo aterrorizan. Se siente perdido delante de los desconocidos, le asustan las tormentas y los ruidos fuertes. A lo nuevo, lo inesperado, las aventuras y el caos del mundo prefiere la tranquilidad familiar de su hogar, con un jardín interior, protegido de miradas indiscretas, como un monasterio.

Similar a fray Cristóbal por su sensibilidad para comprender el dolor ajeno y por su odio hacia las injusticias sociales, pero sin el carácter de este último, libra sus batallas en la intimidad de su habitación, armado solo con su pluma y su inteligencia. Y es casi una paradoja que un autor con una prosa tan rica y exuberante sufriera una leve tartamudez. A Manzoni le aterrorizaba hablar en público. Si tenía que pronunciar un discurso, se sentía incómodo. Cuando fue nombrado senador del Reino de Italia, escribió a Emilio Broglio:

Hablar en el Senado no merece la pena ni pensarlo, ya que soy tartamudo, y tanto más cuando me ponen en apuros. Así que sin duda haría reír a la gente a mis espaldas solo con tener que responder allí mismo a la fórmula del juramento: ¡ju... ju... juro! Ir al Senado incluso para guardar silencio ya es una gran dificultad para un hombre que lleva cuarenta años sufriendo ataques de nervios y nunca se atreve a salir solo de casa.[4]

Vista desde fuera, la vida de Manzoni carece de grandes sobresaltos. Ya de niño manifestó una sensibilidad fuera de lo común. En 1805, terminados sus estudios, se traslada a París, compone algunos poemas, frecuenta a los intelectuales y filósofos de su época; entabla amistad con el historiador Claude Fauriel, que es para Manzoni lo que Pietro Giordani fue para Leopardi: un amigo por carta, un confidente, el único al que puede confesar sus penas y disgustos. Se casó con Enrichetta Blondel y de su unión nacieron siete hijos. Padre, marido, escritor sedentario y esquivo, si observáis el retrato de Hayez, no os costará encontrar estos aspectos en la imagen del caballero reflexivo que nos ha entregado.

Sin embargo, este retrato no puede mostrar que Manzoni vio morir a cinco de sus siete hijos y a sus dos esposas. Cuanto más pasaban los años, más se quedaba encerrado en su casa de Via Morone, en Milán, sin salir durante semanas. Manzoni, que ha sido descrito como el autor por excelencia que exalta la «providencia divina», se siente «abandonado por Dios». Dudas y conflictos interiores se alternan en su interior y, según confiesa, el único consuelo le viene de la escritura, del trabajo.

Así era Manzoni: detrás del ilustre retrato que ha hecho historia, se esconde un hombre mucho más cercano a nosotros de lo que podríamos pensar.

El poder de los detalles

Durante toda mi adolescencia jugué al juego de las caras. Me gustaba observar las caras de la gente, estudiar su fisonomía, sus cejas, su nariz, su boca, cómo fruncían el ceño, cómo sonreían. Y trataba de catalogar sus narices: recta, ganchuda, achatada, aguileña, de patata; por último, observaba sus ojos, si eran almendrados u ovalados, azules, verdes, grises o marrones; siempre trataba de adivinar por su mirada qué tipo de personas eran y me esforzaba por memorizar su fisonomía. Anotaba su aspecto en papelitos, porque sentía que algún día podría inspirarme en ellos para describir el aspecto de mis personajes. Tengo una caja llena de esos papelitos en los que anotaba el aspecto de narices, ojos, sonrisas. Todavía hoy me gusta observar a la gente, intentar adivinar qué hay detrás de una mirada pensativa, de un ceño fruncido, de un repentino temblor de labios.

Cuando cojo un libro reciente, siempre me decepcionan un poco las descripciones. Hoy, un escritor solo dice si un personaje es alto o bajo, gordo o delgado, joven o viejo; comenta de qué color tiene los ojos y el pelo, o, como mucho, si posee algún rasgo característico: solo muestra su aspecto para que podamos imaginárnoslo. Pero yo tengo constantemente una sensación de falta.

La literatura fue durante mucho tiempo el único lugar donde los lectores podíamos ver y sentir lo que pasa en la mente de otro, observar ese espacio de sombra, esa cámara oscura que se esconde detrás de los ojos de una persona y que en la vida real nos suele estar vedada. Puedes hacer el amor con una persona, conocer cada centímetro de su cuerpo y de su piel; puedes vivir con una persona durante años, pero nunca sabrás qué pensamientos agitan su alma cuando está en silencio. Con los años, tal vez, aprendas a descifrar sus miradas, sus silencios, los destellos repentinos que hacen brillar sus ojos, pero siempre habrá una porción de su alma que permanecerá inaccesible para ti. El otro es como un océano de aguas profundas que repele la mirada; como mucho, puedes contemplar los reflejos en la superficie, las ondulaciones de las olas.

Pero los lectores no nos contentamos con admirar la superficie del mar, con descansar al sol entre rocas y playas doradas. Tenemos hambre de abismos, de fondos marinos con sus jardines de coral y sus grutas submarinas. Empecé a leer porque tenía sed de otro tipo de intimidad, de una cercanía que solo la literatura puede ofrecer. Por eso, cuando leo un libro, me interesa hasta cierto punto saber qué aspecto tiene un personaje, lo que hace, lo que dice, cómo actúa. Hoy en día, muchos escriben más como directores que como escritores: te muestran a sus personajes, los lugares por donde se mueven, te permiten escuchar sus palabras, pero no revelan lo que hay detrás; se limitan a dejarte echar un vistazo a lo que ocurre en su mundo interior. Manzoni, en cambio, como tantos otros escritores del siglo XIX, te lleva a una inmersión profunda en el alma de don Abbondio o de fray Cristóbal o de Gertrudis; le interesa, sobre todo, trazar las cualidades morales y psicológicas de sus personajes a partir de las descripciones físicas que hace de ellos.

Su cabeza rasurada, salvo por la pequeña corona de cabello que la rodeaba según el rito capuchino, se levantaba de cuando en cuando con un movimiento que dejaba traslucir un no sé qué de altanero e inquieto, y bajaba luego por reflejo de humildad. La barba blanca y larga, que le cubría las mejillas y la barbilla, hacía sobresalir aún más las formas prominentes de la parte superior del rostro, a las que una abstinencia ya desde hacía tiempo habitual había añadido mucha más gravedad que restado expresión. Los ojos hundidos se dirigían por lo general al suelo, pero fulguraban algunas veces con vivacidad repentina, como dos caballos estrambóticos llevados por la mano de un cochero al que saben, por experiencia, que no pueden ganar y que, sin embargo, intentan de cuando en cuando algún traspié, que pagan al instante con un buen tirón del bocado.[5]

Al principio de la historia, fray Cristóbal se nos presenta como un simple fraile al que Lucía le contó en confesión que había atraído la atención de don Rodrigo y había sido objeto de acoso. Luego, en el cuarto capítulo, conocemos por fin a fray Cristóbal, lo vemos salir del convento de Pescarenico y caminar entre los mendigos y los pobres de la ciudad, pero sus pensamientos están todos ocupados por el caso de Lucía.

A través de un largo *flashback,* Manzoni nos cuenta su historia. Su nombre, antes de tomar los votos, era Lodovico; hijo de un rico comerciante, era un joven culto y orgulloso. A diferencia de muchos otros personajes poderosos, Lodovico luchaba por defender a los débiles, a los oprimidos. En un momento dado, se ve envuelto en un duelo con un aristócrata: su sirviente es asesinado, pero Lodovico consigue vencer a su adversario y lo hiere mortalmente. Es entonces cuando decide hacerse fraile, para expiar su pecado. Pero no es tanto la historia de fray Cristóbal lo que resulta interesante, sino la forma en que Manzoni lo describe. Cuando esboza su aspecto físico, por ejemplo, la forma en que levanta la cabeza de pronto con un movimiento altivo y luego inmediatamente la baja «por reflexión de humildad» nos está mostrando su doble naturaleza: orgullosa por índole y humilde por voluntad. La metáfora de los ojos similares a dos caballos desbocados, frenados por la mano de un cochero, intensifica en nosotros, lectores, la comprensión de su disensión interior. Una descripción que nos adentra en el alma de este hombre.

Manzoni emplea la misma técnica cuando se detiene en el aspecto físico de Gertrudis, la monja de Monza.

Los ojos, también negrísimos, se fijaban algunas veces en el rostro de los otros con una investigación altanera, otras se inclinaban aprisa como para esconderse; en ciertos momentos, un atento observador habría argumentado que pedían afecto, correspondencia, piedad; en otros, habría creído entender en ellos la revelación instantánea de un odio inveterado y comprimido, un no sé qué amenazante y feroz; cuando quedaban inmóviles y fijos sin atención, quién habría imaginado una apatía orgullosa, quién habría podido sospechar el trabajo de un pensamiento oculto, de una preocupación familiar en el ánimo y más fuerte en él que los objetos circundantes.[6]

La monja de Monza es uno de los personajes más interesantes de *Los novios*. De familia noble, se ve obligada a tomar los votos para que el patrimonio familiar no se divida y pase íntegramente al primogénito. Manzoni consiguió sintetizar en unas pocas líneas, en la descripción de la mirada de Gertrudis, toda su historia.

Gertrudis sufre la soledad que se le ha impuesto. Está hambrienta de amor; sus ojos a veces parecen pedir afecto, piedad, comprensión, pero luego un odio repentino y feroz oscurece su mirada. Gertrudis, desde niña, fue engañada por su familia y las monjas:

[...] nutrida por las ideas de su superioridad, hablaba magníficamente de su destino futuro de abadesa, de princesa del monasterio, quería a toda costa ser para las otras objeto de envidia, y veía con maravilla e irritación que algunas de ellas no la sintiesen en absoluto. A las imágenes majestuosas, pero circunscritas y frías, que puede suministrar el primado en un monasterio, contraponían ellas las imágenes variadas y brillantes de bodas, comidas, conversaciones, festines, como decían entonces, recreos, vestidos, calesas.[7]

Gertrudis odia porque ha sido víctima de un terrible engaño; odia a quienes la obligaron a tomar los votos y a renunciar al amor, pero el suyo es un odio «comprimido», un odio que ha madurado lentamente, en el transcurso de los años, un odio que, debido a su posición de abadesa y a la sumisión hacia su padre, nunca ha podido expresar.

Azzecca-garbugli y el poder del lenguaje

Era este un gran cuarto, por tres paredes del cual se repartían los retratos de los doce Césares; la cuarta estaba cubierta por un gran estante de libros viejos y polvorientos; en medio, una mesa repleta de alegaciones, súplicas, querellas, bandos, con tres o cuatro sillas alrededor.[8]

Manzoni a veces describe el carácter de sus personajes detallando los lugares en los que viven. En el estudio de Azzecca-garbugli cuelgan retratos de doce césares, que representan el poder absoluto. Polvo, desorden y demás representan el decaimiento físico y moral del personaje. Azzecca-garbugli es un hombre servil, que se somete a los poderosos, que utiliza la ley para manipular a los demás.

Cuando Renzo le pide ayuda, el abogado, para no desafiar a don Rodrigo, se la niega. El encuentro entre Renzo y Azzecca-garbugli es una de las escenas más hilarantes de toda la novela, una comedia de enredos. Al principio, el abogado confunde a Renzo con un hampón e intenta hacerle confesar el crimen que ha cometido, y mientras tanto Manzoni entrelaza el tema de la palabra y la cultura.

Azzecca-garbugli es una de las figuras más fascinantes de toda la literatura. Después de todo, personajes como fray Cristóbal o la monja de Monza son bastante raros, mientras que los Azzecca-garbugli están presentes en todas las épocas, en todos los lugares. ¿Quién no ha tenido que lidiar alguna vez con personas que querrían cautivarte con su hablar refinado? Azzecca-garbugli usa un lenguaje florido y rigurosamente técnico para confundir a su interlocutor. ¿Os ha ocurrido alguna vez escuchar a un político hablar y hablar y, al final de su discurso, no tener la más mínima idea de lo que ha dicho? Políticos, burócratas, jefes de Estado, todos han ido a la escuela de Azzecca-garbugli, y en muchos casos incluso han superado al maestro.

Don Abbondio y la actualidad de Manzoni

Echó una mirada, por encima del murito, a los campos: nadie; otra más modesta calle adelante: nadie salvo los hampones. ¿Qué hacer? Volver atrás: no le daba tiempo; echar a correr era lo mismo que decir: «Seguidme», o peor. No pudiendo esquivar el peligro, se apresuró a su encuentro, porque esos momentos de incertidumbre eran para él tan penosos que no deseaba otra cosa que abreviarlos. Aceleró el paso, rezó un versículo en voz más alta, compuso el gesto con toda la calma y el sosiego que pudo, se esforzó por preparar una sonrisa y, cuando se encontró frente a los dos señores, se dijo: «Henos aquí», y se detuvo.

—Reverendo —dijo uno de aquellos, clavándole los ojos en el rostro.

—¿Quién me busca? —respondió enseguida don Abbondio alzando los suyos del libro, que le quedó abierto de par en par en las manos, como sobre un atril.

—Vuestra merced tiene la intención —prosiguió el otro con el semblante amenazador e iracundo de quien coge a un inferior en un mal latín—, vuestra merced tiene la intención de desposar mañana a Renzo Tramaglino y Lucia Mondella.

—Bueno... —respondió con voz temblorosa don Abbondio—. Bueno, los señores son hombres de mundo y saben muy bien cómo funcionan estos asuntos. El pobre cura

nada tiene que ver: hacen sus enjuagues entre ellos y luego…
luego vienen a nosotros como a un banco a cobrar; y nosotros… nosotros somos los servidores del común.

—Mire bien —le dijo el hampón al oído, pero en el
tono solemne de una orden—, este casamiento no se ha de
hacer ni mañana ni nunca.

—Pero, señores míos —replicó don Abbondio, con la
voz mansa y amable de quien quiere persuadir a un impa-
ciente—; pero, señores míos, háganme la merced de ponerse
en mi lugar. Si la cosa dependiese de mí… bien ven que yo
no gano nada…[9]

Gracias a estas pocas líneas, nos vemos inmediatamente
sumergidos en el alma de don Abbondio. Es uno de esos personajes por los que nadie se alegra, uno de esos amigos que
nadie querría tener: cobarde, servil y untuoso, lo que más
le interesa en la vida es salvaguardar su propia tranquilidad.
Don Abbondio no es inteligente ni simpático, ni brilla por
alguna otra virtud. Le basta ver a esos dos hampones apoyados en una tapia para que le den palpitaciones. Sabe que no
están allí por casualidad y procede con la circunspección de
los pusilánimes. Oímos su voz temblorosa, su estómago re-
vuelto, tomamos distancia del tono untuoso y manso con el
que trata de congraciarse con ellos. Manzoni, al describir el
pasado y el carácter de don Abbondio, hace todo lo posible
para que nos resulte antipático:

> Así pues, nuestro Abbondio, que no era noble ni rico, ani-
> moso aún menos, había advertido casi antes de tener uso de
> razón que era, en dicha sociedad, como un jarro de barro
> cocido obligado a viajar entre muchos de hierro.[10]

Nos enteramos así de que don Abbondio decidió hacerse
sacerdote no por auténtica vocación, sino para disfrutar de
las comodidades y la protección que le garantizaba la Iglesia.

Manzoni, además, sigue arremetiendo contra el pobre cura, poniendo al descubierto para nosotros, los lectores, los aspectos más despreciables y oportunistas de su carácter:

> Si se hallaba absolutamente forzado a tomar parte entre dos contendientes, estaba con el más fuerte; siempre, no obstante, en la retaguardia y procurando hacer ver al otro que él no era enemigo voluntario. Parecía decirle: «Pero ¿por qué no habéis sabido vos ser el más fuerte?[11]

Don Abbondio tiene miedo, siempre se retracta y, cuando se ve envuelto en algún asunto que perturba su tranquilidad, se pregunta: «¿Por qué yo?». De vez en cuando, en secreto, lamenta lo que se ve obligado a hacer, se queja a Perpetua del veneno que ingiere, a fuerza de inclinar sistemáticamente la cabeza, pero, como es inepto y egoísta, siempre echa la culpa a alguien o a algo, descarga sus responsabilidades en los demás. Don Abbondio es el hombre que ha hecho de la *omertà* una virtud. No es que sea necesariamente malvado o corrupto, y tal vez incluso sienta pena por los sufrimientos ajenos; es solo que antepone otra cosa: a sí mismo. Y al final, gracias a su servilismo a los poderosos de turno, siempre consigue salir airoso. Don Abbondio es un personaje detestable, pero también es, desde la perspectiva artística, un personaje plenamente logrado. No es un héroe, pero tampoco es «el malo»; una pizca de conciencia sí que tiene don Abbondio, aunque no la escuche. Y, en el fondo, hay muchos don Abbondio en la historia. Se los encuentra siempre pegados a la falda de un poderoso, siempre dispuestos a honrarlo y ensalzarlo con el eterno arte del servilismo. Ayer servían a los tribunales de la Inquisición o eran uno de los tantos funcionarios entregados del régimen; hoy sirven a tal o cual partido, a tal o cual aparato gubernamental según convenga, según de dónde sople el viento.

Por tanto, cuando me dicen que *Los novios* ya no tiene nada que decirnos, que es un clásico obsoleto, superado, inmediatamente me viene a la cabeza don Abbondio. Porque hay un don Abbondio en cada uno de nosotros: el pusilánime cura de Manzoni es esa vocecita que se cuela en nuestra mente diciéndonos que no nos entrometamos en los asuntos de los demás, que seamos complacientes con nuestros superiores. Don Abbondio nunca pasa de moda, y leer a Manzoni a mí me recuerda la necesidad de callar esa voz, no sea que acabemos como él.

El placer de saborear el tiempo

Giuseppe Tomasi di Lampedusa

Una novela del siglo XIX en pleno siglo XX

Quien lee por primera vez *El Gatopardo* tiene que enfrentarse a una escritura que parece más propia de una novela del siglo XIX que de mediados del siglo XX *(El Gatopardo* se publicó en 1958). Decimonónicos son los ambientes que se respiran en la novela, decimonónicos son los valores aristocráticos que la habitan, pero, sobre todo, decimonónica es la prosa de Tomasi di Lampedusa. Este es el motivo por el cual *El Gatopardo* fue primero rechazado por Elio Vittorini, editor de Mondadori, y luego por Einaudi. La refinada escritura de Tomasi di Lampedusa parecía demasiado «poco moderna», poco en línea con los tiempos, y la novela fue rechazada. Tomasi di Lampedusa nunca logró verla publicada: en abril de 1957 le diagnosticaron un cáncer de pulmón y murió antes de que el manuscrito llegara a las manos de Giorgio Bassani, editor de Feltrinelli, que reconoció su fuerza artística y literaria.

Quienes me conocen saben que tengo debilidad por la literatura del siglo XIX. Por eso quiero dedicar algunas palabras precisamente al estilo de Tomasi di Lampedusa y, en particular, a sus descripciones, que os sumergirán en los sabores de una Sicilia rural, un mundo de pastores, araucarias, pinos, encinas, retamas, azahares, donde el mar es una mancha de color índigo que brilla en el horizonte y los rayos del sol abrasan la tierra. El sol es «el auténtico soberano de Sicilia: el sol violento e irrespetuoso, el sol soporífero incluso, que anulaba todas las voluntades y mantenía cada cosa en una inmovilidad servil, acunada por sueños violentos, sacudida por violencias arbitrarias como los sueños mismos».[1]

Hay escrituras que tienen un sabor poético, que son una explosión de adjetivos, colores, olores, sensaciones que consigues saborear en la lengua, que te llenan la boca y te saturan los sentidos. La escritura de Tomasi di Lampedusa es una de estas y, aunque solo sea por este motivo, merece la pena leer *El Gatopardo*. Pero la grandeza de esta obra no se agota en el carácter estilístico de su escritura. Tomasi di Lampedusa consigue, de hecho, hacernos entrar en los pliegues de nuestra existencia. Por eso, si tuviera que recomendar a un chico un clásico que no solo le enseñara a pensar, sino que también lo ayudara a comprender el sentido de la vida, le diría: «Lee *El Gatopardo*». No porque sea un buen libro, sino porque en él encontrarás esos pensamientos que tarde o temprano se te pasarán por la cabeza. Tal vez no de inmediato, pero cuando tengas treinta o cuarenta años, o incluso más, la historia del príncipe de Salina volverá a tu mente. Y, tal vez, leyendo las páginas de *El Gatopardo,* aprenderás a sentir y a ser consciente de eso que ahora tienes en abundancia y piensas que es ilimitado, pero pronto te darás cuenta de que no lo es. Hablo de tu tiempo y de mi tiempo».

El Gatopardo está ambientado en el Reino de las Dos Sicilias. Estamos en el Resurgimiento, y con el desembarco en Marsala de las tropas de Garibaldi, la famosa Expedición de los Mil, está a punto de nacer el Reino de Italia. Es el tiempo del cambio, de las esperanzas, de las promesas, de la agitación política; el tiempo en el que está surgiendo una nueva clase, la burguesía. Es el tiempo de un nuevo comienzo, pero también del fin: el del mundo aristocrático.

El protagonista de la novela es Fabrizio Corbera, príncipe de Salina, un hombre orgulloso, de complexión mastodóntica, que conquista enseguida la atención de los lectores. Si tengo que imaginarme al príncipe, enseguida me viene a la mente *El juicio final* de Miguel Ángel; pienso en una de esas figuras macizas que pueblan sus cuadros. En la casa del príncipe «había un constante ir y venir para hacer reparar los tenedores y cucharas que, mientras estaban en la mesa, su cólera tantas veces contenida acababa convirtiendo en aros».[2] Aquí está el héroe de la historia: roza las lámparas de araña con la cabeza y dobla los cubiertos de Villa Salina con los dedos, un Hércules siciliano con un estrafalario interés por las matemáticas y la astronomía, al que le encanta pasar las noches observando el firmamento, un hombre de una pieza, sólido y macizo. Al menos en apariencia: «En mi casa nadie me comprende. Esa es mi desgracia»,[3] confiesa el príncipe al padre Pirrone.

Don Fabrizio tenía fama de «extravagante»; su interés por las matemáticas les parecía casi una perversión pecaminosa, y si no se hubiese tratado del príncipe de Salina, si no hubieran sabido que era un excelente jinete, un cazador infatigable y, mal que bien, un aficionado a las faldas, sus paralajes y sus telescopios quizá le hubiesen valido la expulsión.[4]

«No es preciso que te diga —escribió Tomasi di Lampedusa a su amigo Enrico Merlo di Tagliavia— que el "príncipe de Salina" es el príncipe de Lampedusa, mi bisabuelo Giulio Fabrizio; todos los detalles son reales: la estatura, las matemáticas, la falsa violencia, el escepticismo, la mujer, la madre alemana, la negativa a ser nombrado senador».[5]

Desde las primeras páginas nos vemos inmersos en una atmósfera exquisitamente aristocrática, sentimos el orgullo arraigado en casa Salina, admiramos con un pellizco de deseo y lamento las amplias estancias habitadas por el Leopardo. Percibimos el encanto de estas moradas similares a iglesias y bosques encantados: el palacio donde nació Giuseppe Tomasi di Lampedusa, con sus tres patios, terrazas, jardines, establos y relojes de péndulo, es «un verdadero reino para un chaval solo, un reino vacío o a veces poblado por figuras siempre afectuosas».[6]

El príncipe tiene muchos hijos, muchos sobrinos, pero hay uno en particular al que le tiene mucho cariño: es el joven Tancredi, un noble sin blanca, pero ambicioso, que combate entre las filas del ejército de Garibaldi. El príncipe admira su inteligencia, su afecto burlón, su rápida adaptabilidad, y es precisamente Tancredi, mientras exhorta a su tío a abrazar la causa de los garibaldinos, quien pronuncia la célebre máxima: «Si queremos que todo siga igual, es necesario que todo cambie».

El Gatopardo no es un libro sobre Sicilia, ni sobre el nacimiento del Reino de Italia. Tampoco es un libro sobre la decadencia de la aristocracia. El tiempo es el verdadero protagonista de *El Gatopardo;* el tiempo inmóvil e inmutable de una tierra árida, abrasada por el sol, que «inflige seis meses de fiebre de cuarenta grados»[7] y debilita el espíritu y los miembros; el tiempo de la memoria y el impacto del tiempo que avanza, si no para Sicilia, para el hombre.

Hacía decenios que sentía cómo el fluido vital, la facultad de existir, la vida en suma, y quizá también la voluntad de seguir viviendo, iban retirándose lenta pero continuamente de él, cómo se agolpan y van pasando uno tras otro, sin prisa y sin pausa, los granitos por el estrecho orificio de un reloj de arena. [...] En los demás momentos le bastaba con que prestase un poco de atención para percibir el rumor de los granitos de arena que se deslizaban leves, de las partículas de tiempo que escapaban de su vida y lo abandonaban para siempre.[8]

Es una sensación que tarde o temprano te asalta: un día te miras al espejo y notas entre los mechones las primeras canas; en la cara de repente te fijas en las primeras arrugas, líneas sutiles, casi invisibles, que, sin embargo, anuncian algo nuevo. Te das cuenta de que empiezas a preferir las tardes tranquilas en casa, en compañía de unos pocos íntimos, a las noches de juerga; una simple caída, que en el pasado solo te habría hecho sonreír, ha dejado largas secuelas. En una reunión con los amigos del instituto te das cuenta de que casi todos tus compañeros están ahora casados, tienen hijos, y por fin lo sientes: la juventud ha quedado atrás y el paso del tiempo te ha pillado desprevenido.

Este es el estado de ánimo del príncipe Fabrizio. El marco histórico, las reflexiones políticas y las atmósferas fastuosas de *El Gatopardo* son un escenario rico y deslumbrante de una confrontación mucho más execrable. Y si el actor principal es el tiempo, el secundario es la muerte. Ambos cortejan y son cortejados por don Fabrizio, que, como Tancredi, había intuido: «¿Te ha dado por cortejar a la muerte, tiazo?».[9]

Dejémonos guiar, pues, por la pluma de Tomasi di Lampedusa para emprender un viaje en busca del tiempo: pasado, perdido y reencontrado, como en la novela de Proust.

Sobrevivir a uno mismo. Un retrato del autor

Giuseppe Tomasi di Lampedusa fue un hombre solitario y esquivo, tímido de la forma menos llamativa posible, por temperamento y carácter más parecido a Kafka que a la timidez colérica de Dostoievski, que se convertía en estallidos de furia. Pero ¿quién era este peculiar príncipe siciliano de piel aceitunada, pariente lejano de los Leopardi de Recanati?

Nació en Palermo, en el elegante edificio de la calle Lampedusa, 17. De niño amaba la soledad, la buscaba; es más, prefería «la compañía de las cosas más que de las personas»[10] como a su don Fabrizio le gusta la compañía de las estrellas, «las que dan alegría sin pretender nada a cambio».[11] Ya de adolescente jugaba a perderse por las habitaciones de la inmensa casa familiar. Le encantaba el olor de las caballerizas, los encajes color crema, las cortinas de seda, los damascos, los arabescos en los techos, similares a un intrincado bosque en el que extraviarse; sobre todo, adoraba su inmensidad, una inmensidad que le daba la impresión de ser el soberano de un pequeño feudo, de un reino encantado que le pertenecía.

> Estoy seguro de que en ningún lugar de la tierra el cielo ha desplegado jamás un azul tan rabioso como el que extendía sobre el recinto de nuestra terraza, nunca el sol ha arrojado luces más suaves que las que penetraban por las contraventanas entornadas del «salón verde».[12]

Cuando de adulto volvía a pensar en la infancia, identificaba la época más feliz de su vida con esa edad; un mundo de cuento de hadas hecho de pequeños minutos dorados que, de adulto, siguió añorando como un Gulliver que espía desde lejos la corte perdida de Liliput. Después de la infancia llegaron los años de grandes lecturas y viajes: visitó Francia, Inglaterra, Alemania. Pero también llegaron los años de la guerra, de la prisión, tras la derrota de Caporetto, y de la huida. Después se casó con Alexandra von Wolff-Stomersee, un amor hecho más de intercambios epistolares, respeto y afecto platónico que de verdadera pasión: mientras su esposa pasaba buena parte del año en su palacio de Letonia, el escritor llevaba una existencia tranquila y apartada en Palermo. Y luego vinieron los años del exilio, lejos del reino de su infancia, de esa casa adorada que «amaba con total devoción.

Y la amo aún ahora, cuando ya hace doce años que solo es un recuerdo. Hasta pocos meses antes de su destrucción, yo dormía en el cuarto en que había nacido [...], hasta el 5 de abril de 1943, cuando unas bombas transportadas desde el otro lado del Atlántico la buscaron y la destruyeron».[13] Y así se sucedieron los años de la inquietud, de la depresión, de los traslados de una casa a otra sin un centro ya, un punto estable en torno al cual gravitar. Finalmente, llegaron los años de asentamiento, cuando se estableció en Palermo y se dedicó por entero a la literatura.

> Grande, gordo, pálido, parecido a un general retirado o a un enorme felino, atravesaba el centro de Palermo con una bolsa sobrecargada de libros: pasaba las mañanas en los cafés, donde leía, escribía, veía a amigos, y en las librerías. Siempre llevaba consigo un ejemplar de Shakespeare, y del *Club Pickwick*. Gastaba gran parte de su poco dinero en libros, y mentía a su mujer diciéndole que los había adquirido a precio de ganga.[14]

Se ha dicho que el príncipe Fabrizio comparte el escepticismo de Tomasi di Lampedusa con respecto a la historia. El príncipe está convencido de que esta no tiene el poder de cambiar la suerte de los hombres: cambian los nombres, las tradiciones, los ideales, pero no la división entre opresores y oprimidos, entre amos y siervos. Sin embargo, Tomasi di Lampedusa se siente atraído por la historia: no cree en el mito del progreso, pero busca en ella otras verdades, otras respuestas. En él, el amor por la historia va de la mano con el amor por el pasado, con una escritura que da lo mejor de sí cuando sabe ser retrospectiva.

> Llevar un diario o escribir a cierta edad nuestras memorias tendría que ser una obligación «impuesta por el Estado»: al cabo de tres o cuatro generaciones se habría recogido un

material precioso, y podrían resolverse muchos problemas psicológicos e históricos que agobian a la humanidad. No hay memoria, por insignificante que haya sido su autor, que no encierre unos valores sociales y expresivos de primer orden. [...] ¿Imagináis el diario de una alcahueta parisiense de la Régence, o los recuerdos del criado de Byron en su época veneciana?[15]

Los años que van desde el final de la Segunda Guerra Mundial hasta su muerte son un viaje a través de los recuerdos. El autor se zambulle en el océano de su memoria, como un buceador de perlas que sabe que tiene que descender a las profundidades para encontrar su tesoro. Y así se hunde en el pasado para extraer de él imágenes, sensaciones, retazos de recuerdos que serán los hilos con los que tejerá *El Gatopardo*. El recuerdo de un bisabuelo, Giulio Tomasi di Lampedusa, se convertirá en el modelo de inspiración para el príncipe Fabrizio. El viaje que realizaba de niño a la casa de Santa Margherita se convertirá en el material del que se servirá para describir el viaje del príncipe a Donnafugata.

Durante horas atravesábamos el paisaje bello y tremendamente triste de la Sicilia occidental: creo que era el mismo que habían encontrado los Mil al desembarcar. [...] Después el tren cortaba hacia el interior, entre montañas pedregosas y trigales ya segados, amarillos como melena de león. A las once, por fin, llegábamos a Castelvetrano, que entonces distaba mucho de ser la pequeña ciudad coqueta y ambiciosa de ahora: era un pueblo lúgubre, con las alcantarillas al aire y los cerdos paseándose por la calle mayor; y millones de moscas.[16]

Observando una fotografía suya con los brazos apoyados en su bastón de paseo y el cabello peinado hacia atrás, no puedo evitar pensar que él fue el último gatopardo, el último exponente de un siglo de elegancia, encanto y cortesía. Hay algo aristocrático que emana de su persona, si aristocrático es sinónimo de refinamiento, ingenio, orgullo; de un espíritu dedicado al arte, a la meditación filosófica y a la buena escritura, valores todos ellos que este siglo nuestro ya ha barrido, en su frenesí, en su prisa por perseguir la modernidad.

El tiempo pasado

¿Cómo sobrevivir al impacto del cambio? Esta parece ser la pregunta que agita los pensamientos de don Fabrizio, que ve avanzar «la revolución burguesa subiendo las escaleras de su casa ataviada con el frac de don Calogero».[17]

Cuando el príncipe se traslada a su residencia de verano en Donnafugata, conoce al nuevo alcalde de la ciudad, don Calogero, padre de Angelica, la bella joven de la que Tancredi se enamora. Don Calogero es el *parvenu*, el arribista burgués que se sube a la ola de la revolución; es el rostro de lo nuevo que avanza para sustituir a lo viejo en una tierra donde moverse significa quedarse quieto. Para el pueblo llano, para la Sicilia rural, la historia se detiene, o si avanza, lo hace muy poco: gracias a la anexión de Sicilia al Reino de Cerdeña, a los príncipes de Salina los suceden los don Calogero.

> Tenía ganas de decírselo a Russo, pero la innata cortesía se lo impidió: «He entendido muy bien: no nos queréis destruir a nosotros, vuestros "padres"; solo queréis ocupar nuestro puesto».[18]

Cursos y recurrencias históricas, los habría llamado Vico, pero más allá de la historia de *El Gatopardo,* la historia humana del príncipe Fabrizio es la historia de un hombre que se da cuenta de que el presente ha avanzado demasiado rápido y que parece haberlo olvidado en su loca carrera. La naciente clase burguesa no sabe qué hacer con los discursos abstractos, con el arte, con el placer de la meditación filosófica. A ojos de don Calogero, que calcula el valor, el rendimiento, el beneficio de cada cosa, incluso de una obra de arte, don Fabrizio y su mundo pertenecen al pasado. Si en *Los Buddenbrook* el pequeño Hanno, que tiene alma de artista, de soñador, no puede ser el heredero emprendedor de la «nobleza» burguesa de Lubeca, en *El Gatopardo* es otro mundo el que está desapareciendo: un mundo de gracia, arte y belleza; de autoritarismo y privilegios, sí, pero también de buenas maneras.

> Poco a poco don Calogero fue entendiendo que una comida compartida no tiene por qué ser un huracán de ruidos masticatorios y de manchas de grasa; que una conversación puede muy bien no parecerse a una pelea entre perros; que conceder el paso a una mujer es señal de fuerza y no, como él creía, de debilidad; que se puede obtener más de un interlocutor diciéndole «no he sabido explicarme» que «usted no ha entendido ni jota».[19]

Don Fabrizio «añoraba la situación del año anterior, cuando aún podía decir todo lo que se le pasaba por la cabeza»,[20] y se lamentaba por «las mil astucias que debía aceptar, él, el Gatopardo, que durante tantos años había barrido de un zarpazo cualquier dificultad que se le había puesto por delante».[21]

El enemigo al que se enfrenta es el futuro que avanza a pasos agigantados; es esa sensación de inquietud que te asalta cuando te despiertas por la mañana y te das cuenta de que el mundo que te rodea ha cambiado, está cambiando y sigue cambiando a una velocidad vertiginosa. Y entonces no te queda más remedio que perseguirlo, lanzarte tú también hacia delante. Pero cuanto más corres, más se aleja el cambio, porque corre más rápido: corre, corre y corre, y no parece tener intención de detenerse.

En una época en la que las innovaciones tecnológicas se suceden hasta quedar obsoletas en apenas unos meses, en la que estar al día se ha convertido en una persecución que exige que seamos nosotros los que nos adaptemos a su ritmo y no al revés, en esta época todos, tarde o temprano, llegamos a sentirnos como el príncipe.

Todo se acaba. A estas conclusiones llega el príncipe Fabrizio: siglos de historia, tradiciones y costumbres son barridos para dar paso a lo nuevo. Y para quienes, como el príncipe, están viviendo el otoño de la vida, el amanecer ya no trae promesas ni nuevos comienzos, sino remordimientos y recuerdos del día que acaba de pasar. Incluso los palacios, las lujosas mansiones de la nobleza siciliana que parecen inmortales, están destinados a sucumbir al impacto del tiempo que avanza.

> En el techo, los dioses, reclinados en sus dorados sitiales, contemplaban la escena, sonrientes e implacables como el cielo del verano. Se creían eternos: en 1943 una bomba fabricada en Pittsburgh, Pensilvania, se encargaría de demostrarles lo contrario.[22]

Todo cambia, *panta rei*, todo fluye: este es el leitmotiv que habita *El Gatopardo*, la melodía que resuena en sus páginas. El hombre querría fijar en la eternidad las formas de su existencia, vestidos, carruajes, ideas, palacios, costumbres, pero todo está sujeto a una constante transformación, a una continua metamorfosis. Hay quienes, como el joven Tancredi, están dispuestos a ceder, a subirse a la ola del cambio. Si Tancredi elige el camino de la resistencia, el príncipe elige el de la coherencia. Cuando el caballero Chevalley, enviado por el Gobierno, le ofrece el cargo de senador y entrar a formar parte del nuevo orden, el príncipe se niega.

No puedo aceptar. Soy un representante de la vieja clase y me siento por fuerza comprometido con el régimen borbónico al que me liga el sentido de la decencia, ya que no el afecto. Pertenezco a una generación infeliz, a caballo entre los viejos tiempos y los nuevos, que no se encuentra a gusto en estos ni en aquellos. Además, como ya lo habrá advertido usted, no tengo ilusiones; ¿qué haría conmigo el Senado, con un legislador inexperto e incapaz de engañarse a sí mismo, facultad imprescindible para cualquiera que se proponga guiar a los demás?[23]

Frente al camaleonismo político de Tancredi, el príncipe prefiere la coherencia de sus principios, pero, humanamente, su elección es mucho más interesante. No es una simple cuestión de retirarse a un lugar apartado para dejar sitio a la juventud, «gente joven ágil, juventud de ingenio rápido, que piense más en el "cómo" que en el "por qué"»,[24] ni tampoco de negarse a seguir el ritmo de los tiempos. El príncipe se mantiene fiel a sí mismo. Si la mayoría se comporta como hojas arrastradas por el viento, el príncipe es «como los astros: siguen una ruta fija, ningún viento los alcanza».[25] Recorre su camino hasta el final, hasta el momento de su muerte: «Por un momento pensó en negarse, en mentir, en ponerse a gritar que se sentía bien, que no necesitaba nada. Pero no tardó en darse cuenta de que hubiese sido ridículo: era el príncipe de Salina y debía morir como un príncipe de Salina, con cura y todo».[26]

Pero demos un paso atrás. La existencia del príncipe aún no ha terminado, pero siente que el final se acerca, lo nota en los huesos, y cada vez con más frecuencia se extiende hacia las estrellas.

El alma de don Fabrizio se lanzó hacia ellas, las intangibles, las inalcanzables, [...] y como muchas veces, imaginó que pronto estaría en aquellas heladas extensiones [...].[27]

Su alma aspira a la calma, a la serenidad, a la inmutable quietud del cielo que lo proyecta a una dimensión que trasciende la vida humana: «¿Quién se preocupa por la dote de las Pléyades, la carrera política de Sirio, los secretos de alcoba de Vega?».[28] Todas las molestias, las intrigas, la vida mundana hecha de ambiciones y preocupaciones, de cálculos y compromisos, se disuelven ante la percepción de la eternidad. Ansioso por descubrir sus secretos, bordados entre las constelaciones, se vuelve hacia ese lugar en el que todos, tarde o temprano, deben entrar y del que es imposible salir. Llama a las puertas del ser, pero no con la rabia, con la violencia de un Raskólnikov o de un Iván Karamázov: el suyo es un golpe discreto, casi delicado. Y mientras contempla la eternidad, su centro de gravedad se desplaza, cambia su eje de rotación: Tancredi, Angelica, el futuro de la familia Salina, de Sicilia y de Italia pertenecen a un reino opaco, lejano; las luces de ese mundo han dejado de brillar; nuevas luces, más suaves y cristalinas, destellan en sus ojos.

El tiempo perdido

El Gatopardo es una novela retrospectiva. Cuando conocemos al príncipe, lo importante ya ha sucedido; para él, ya ha pasado la época de los grandes amores, de las grandes pasiones, el tiempo en que la vida es vasta, inmensa, toda por descubrir. El príncipe ha dejado atrás las grandes aventuras de la juventud; ahora juega una nueva partida: su adversario se llama «tiempo», y el tablero, «existencia». Las piezas que se mueven, que avanzan y retroceden en el tablero, son los recuerdos, las miles de sensaciones, buenas y malas, que irrumpen en su memoria.

Trataba de extraer de la inmensa montaña de cenizas del pasivo las diminutas briznas de oro de los momentos felices. Eran estos: las dos semanas previas a su casamiento, las seis siguientes; media hora cuando nació Paolo y se sintió orgulloso por haber añadido una ramita al árbol de la casa de los Salina (ahora sabía que el orgullo había sido injustificado, pero no por ello la emoción había dejado de ser auténtica); [...] muchas horas en el observatorio, entregadas a la abstracción de los cálculos y a la persecución de lo inalcanzable.[29]

Y luego el afecto por Tancredi, las horas en compañía de sus queridos perros, el afecto y la devoción que le habían dado, la alegría viril de las cacerías, los días en su residencia de verano de Donnafugata. El príncipe de Salina hojea las páginas de su vida y se pregunta:

¿Algo más todavía? Sí, pero ya eran pepitas mezcladas con tierra: los momentos de satisfacción por haber sabido dar respuestas tajantes a los necios, el placer que había sentido al advertir que en la belleza y el carácter de Concetta se perpetuaba la estirpe de los Salina; algunos momentos de entusiasmo amoroso; la sorpresa al recibir la carta de Arago en la que este lo felicitaba espontáneamente por la exactitud de los arduos cálculos relativos al cometa Huxley. Y, ¿por qué no?, la emoción que no había podido ocultar cuando le entregaron la medalla en la Sorbona, el tacto delicado de ciertas sedas de corbatas, el olor de algunos cueros repujados, el aspecto risueño, el aspecto voluptuoso de algunas mujeres con que se cruzó [...].[30]

Me parece interesante la jerarquía que el príncipe atribuye a sus recuerdos: el nacimiento de un hijo, el afecto por un sobrino y por los animales, los placeres sencillos y conviviales de la caza, el tiempo de ocio en Donnafugata, el tiempo dedicado a perseguir su pasión, los cálculos matemáticos y la observación de las estrellas son las hebras doradas, los momentos verdaderamente felices de su existencia. Los reconocimientos públicos, las satisfacciones personales, la satisfacción de la vanidad, las pequeñas venganzas personales...

Todo lo que se considera realización personal viene después. Por último, entre los recuerdos felices, enumera las sensaciones: la de tener entre las manos objetos bellos, vestidos hermosos. Sensaciones voluptuosas, sensuales, que han dejado un eco tenue pero superficial en su alma. Los coches bonitos, las mujeres hermosas, la ropa bonita, los reconocimientos laborales y la aprobación social, todo aquello por lo que nos desvivimos, que perseguimos, detrás de lo cual corremos, al final no parece dejar una huella significativa en nuestro corazón. Y mientras el príncipe repasa su vida, llega a la amarga conclusión de que en realidad solo ha vivido «tres años» de felicidad plena. Lo que lamenta en su lecho de muerte es no haber vivido plenamente los otros setenta.

Al leer *El Gatopardo* siempre percibo una especie de crujido. Me asalta como un escalofrío, un presentimiento, pero de repente tengo la impresión de oírlo: es el tiempo que, como un huésped inesperado, llama a mi puerta y me pide cuentas de cómo lo he gastado a lo largo de mi vida, del uso que he hecho del don que se me ha concedido. Me encuentro haciendo balance de los días en los que he vivido de verdad y de aquellos, mucho más numerosos, en los que simplemente me he dejado vivir. De repente, siento el peso de todos esos minutos, esas horas, esas semanas no utilizadas, no vividas, que están ahí, al otro lado de un muro, sin pedir ni decir nada, pero que con su mera presencia me obligan a reconocerlas por lo que son: porciones de mi vida que se han evaporado, que he dejado escapar entre las manos como granos de arena. Pienso en las horas malgastadas frente al televisor o pasadas con la ansiedad de algo que podría haber ocurrido y no sucedió, o consumidas en proyectos, planes, amarguras, rencores, decepciones. Horas en las que me he dejado vencer por el aburrimiento o la pereza, pensando «aún hay tiempo» o «ya lo haré mañana». Es imposible, me doy cuenta, vivir plenamente cada día, intentar vivir cada momento con pasión, pero creo que es bueno recordarlo: por eso incluyo *El Gatopardo* entre esas lecturas que son buenas para el alma.

El tiempo reencontrado

El tiempo late: se va, pasa, se consume. Esta conciencia marca la vida del príncipe, casi como si tuviera a su lado un reloj de arena que no cuenta los días, las horas y los minutos, sino las mareas de la existencia. El paso del tiempo no es solo una división de la vida en un «antes» y un «después», sino que anuncia la hora de la muerte, el momento del fin. Hay una escena en *El Gatopardo* que quizá encierre el sentido de todo el libro: la cumbre de la conciencia que alcanza el príncipe. Estamos en una recepción, un gran baile en el palacio Ponteleone. Allí están el príncipe, su familia, don Calogero, Tancredi, Angelica y otros mil conocidos que comen, bromean, bailan y se divierten. El príncipe, en cambio, se queda aparte, mirando cómo bailan Tancredi y Angelica.

Ambos ofrecían el más conmovedor de los espectáculos: tan jóvenes y enamorados, dejándose llevar por la música, cada uno ciego ante los defectos del otro, ambos sordos a las advertencias del destino, vanamente convencidos de que toda su vida discurriría por un camino tan liso como el suelo del salón; parecían actores principiantes a quienes el director les hiciera representar los papeles de Julieta y de Romeo sin decirles que en la obra figuran también la cripta y el veneno. Ninguno de los dos era bueno, ambos tenían sus intereses, tanto ella como él alimentaban secretas aspiraciones; pero resultaba agradable y enternecedor verlos bailar mientras sus turbias, pero ingenuas ambiciones, se iban esfumando entre las cariñosas, alegres palabras que él le musitaba al oído, el perfume que envolvía la cabellera de la joven, y el abrazo en que acababan fundiéndose sus cuerpos destinados a morir.[31]

Tomasi di Lampedusa teje para nosotros, lectores, una escena llena de contrastes: la fastuosidad del baile en el palacio Ponteleone contrasta con el estado de ánimo del príncipe, que, como el gorrión solitario de Leopardi, se siente excluido, marginado, apartado del espectáculo de esta juventud festiva. A su alrededor hay música, bailes, bromas, risas, pero el alma del príncipe está llena de amargura: observa a las parejas que pasan junto a él y sus pensamientos se vuelven cínicos, ásperos; se burla en su interior de la alegría inconsciente de los invitados. Están alegres porque no sienten, no perciben el inexorable paso del tiempo que avanza también para ellos. Pero en un momento dado, le ocurre algo, lo mismo que le sucede a Leopardi cuando compone el poema «El resurgimiento», y se arranca la armadura de cinismo y frialdad que había llevado hasta entonces: el alma del príncipe se abre así al sentimiento, a la compasión.

> Don Fabrizio sintió que se le ablandaba el corazón: el desagrado se había transformado en compasión por aquellos seres fugaces que trataban de gozar del exiguo rayo de luz cuya gracia les había sido concedida entre las dos tinieblas: la que había precedido a la cuna y la que los arrebataría tras los últimos estertores. ¿Cómo podía uno ensañarse con quienes, sin duda, iban a morir?[32]

En estas pocas líneas se sintetiza el misterio de la vida humana: no sé quién soy, ni por qué nací, ni adónde voy; no conozco el propósito de la existencia, la razón de la vida, por qué se creó el universo. Nadie lo sabe, todos somos mortales, vivimos nuestra «odisea» sin saber si un día regresaremos por fin a las orillas de nuestra amada Ítaca o si, por el contrario, nuestro viaje nos llevará a otro lugar. Solo una cosa es segura: tarde o temprano nos tocará cruzar el umbral que separa el ahora de la eternidad. ¿Y cómo es posible ensañarse con quienes, como nosotros, están embarcados en este viaje hacia lo incognoscible? Si los hombres a veces cometen errores, actúan mal o son mezquinos o necios o vengativos, es porque avanzan sin brújulas, mapas ni cartas náuticas en este vasto mar del que nadie conoce el principio ni el final.

Y es entonces cuando el príncipe «sintió que se le despetrificaba el corazón». Tomasi di Lampedusa utiliza la palabra «spetrarsi» ('despetrificarse'). ¿Cuántas veces hemos oído la expresión «corazón de piedra» para definir a alguien frío, cruel, insensible? La palabra «piedra» viene del latín *petra*, 'roca', 'piedra'. Pero yo creo que el autor no solo quiere aludir a la dureza de la roca; las rocas forman parte del mundo inanimado, remiten a todo lo que no puede mutar, que no puede transformarse, a diferencia de la vida, que es mutable, en perpetua transformación. Ser de piedra, tener un corazón de piedra es la metáfora de ser inmutable, inmóvil; de un alma que lleva sus ideas y convicciones como una armadura, que se inmoviliza en la pose del cinismo. Y, sin embargo, la percepción del paso del tiempo, tanto para sí mismo como, en particular, para todos aquellos a quienes conoce o ama, «despetrifica» el corazón del príncipe Fabrizio. Recupera la conciencia del tiempo, se da cuenta de su mortalidad y de la de los demás: por eso renace, vuelve a respirar, se abre a la compasión. Se nace dos veces. El primer nacimiento es completamente independiente de nuestra voluntad: nos arrancan del vientre materno y nos empujan al «mundo». Nacemos indefensos, sin conciencia de nosotros mismos y del hecho de que existimos; no sabemos nada del mundo, tenemos que aprender a caminar, a hablar, a sentir, a comunicarnos. Y cuanto más pasan los años, más descubrimos nuestra identidad, nos construimos una razón de ser, una vida hecha de vínculos, propósitos, deseos, sueños. Precisamente entonces se produce nuestro segundo nacimiento: nos damos cuenta de que somos mortales. En cierto modo, el instante en que tomamos conciencia de la muerte es el momento más importante de nuestra vida, porque solo entonces podemos empezar a vivir de verdad. A vivir en un tiempo reencontrado.

Enamorarse del deseo con Anna Karénina

He leído *Anna Karénina* siete veces y pienso volver a leerla otras tantas a lo largo de mi vida. Nunca me cansa: hay libros que cada vez que los retomas parecen distintos, y no solo porque tú hayas cambiado, sino porque siempre logran sorprenderte con una palabra, un detalle, una imagen, tan intensos y profundos que te abren un mundo.

La primera vez que lo leí pensé que, como sugiere el título, la historia giraba en torno a Anna Karénina. Pero no: el libro no trata solo de la historia de amor entre Anna y Vronski. El tema del amor, el matrimonio y la traición es la base sobre la que Tolstói construyó el universo de *Anna Karénina,* pero en la novela hay mucho más, y es precisamente en este «mucho más» donde reside su magia. En *Anna Karénina* no hay ese trasfondo épico que flota en *Guerra y paz.* No hay un ejército enemigo a las puertas a punto de invadir la patria, ni incendios que arrasen Moscú, ni súbitas epifanías como la que asalta al príncipe Andréi en el campo de batalla de Austerlitz; no hay ninguna de esas grandes convulsiones históricas que transforman la vida en una vívida y deslumbrante representación trágica.

En *Anna Karénina* se habla de lo cotidiano, de la vida de todos los días: está Daria Aleksándrovna, una madre que lidia con las infidelidades de su marido, el cuidado de sus hijos y el lamento por la juventud perdida; está Levin, un hombre huraño y solitario que sueña en secreto con la felicidad conyugal; y está esa joven y rica dama de San

Petersburgo que se enamora de un hombre que no es su marido.

> Sabía muy bien que ni Betsy ni las personas de su círculo consideraban ridículo su proceder; también sabía que, a ojos de esas personas, el papel de amante desdichado de una muchacha y, en general, de una mujer libre, se prestaba a burlas; en cambio, cortejar a una mujer casada, poniendo toda su vida en juego para arrastrarla al adulterio, se consideraba algo bello, grandioso, nunca grotesco.[1]

En el mundo de la alta sociedad en el que se mueven Anna y Vronski, el adulterio es un divertimento. Es un «juego», un ritual codificado con un protocolo codificado, y no es casualidad que Tolstói ponga en boca de Vronski la palabra «papel». Como en una obra de teatro, los amantes clandestinos interpretan un papel. Sin embargo, Anna, en contraste con la hipocresía de una sociedad que tolera y hasta alienta la traición siempre que permanezca en la sombra, hace una elección radical: abandona a su marido, al que no ama, para vivir con el hombre al que sí ama.

El acto de Anna es un desafío, pero ella no es lo suficientemente fuerte para soportar el golpe de la sociedad, que la margina. Su culpa no radica en el amor adúltero, sino en la transgresión de las normas sociales. En cambio, Vronski, por ser hombre, no sufre las consecuencias del escándalo: sigue recibiendo invitaciones, frecuentando la alta sociedad, porque el peso del adulterio recae enteramente sobre la mujer. Podría decirse que *Anna Karénina* escenifica el drama de la doble moral, pero no es eso lo que Tolstói quiso mostrar. El autor contrapone el amor trágico de Anna y Vronski al amor de Kitty y Levin. El primero está condenado al desastre porque nace de un arrebato pasional. En cambio, el amor entre Kitty y Levin, cimentado en el afecto, el conocimiento mutuo y los valores cristianos, está destinado a perdurar.

Esta visión de Tolstói es clave para comprender la génesis de *Anna Karénina* y sus ideas, pero la fuerza artística de la novela no tiene nada que ver con la moral que el escritor quiso imprimirle.

Lo que se queda en mi cabeza y en mis ojos después de leer *Anna Karénina* no es el amor entre Anna y Vronski, ni siquiera el de Levin y Kitty; lo que se queda dentro de mí son las orejas de Karenin, el espinazo roto de Fru Fru, un caballo de carreras, el monólogo de Anna al final de la novela.[2]

Reconoceréis un gran clásico también por esto: por esos pequeños detalles que poco tienen que ver con la trama, pero que hacen que su universo narrativo sea tan complejo y vívido. Mientras leemos *Anna Karénina,* nos parece estar allí, con las mujeres que preparan mermelada y charlan de sus hijos; Tolstói nos deja oler el centeno bajo el sol mientras Levin siega el trigo con los campesinos y oír los sonidos del pantano cuando va de caza. Nos muestra esos amaneceres y atardeceres rojos y lilas que quitan el aliento, y luego nos arroja a la habitación forrada de seda azul de un adúltero empedernido. Nos hace empezar el día en la piel de Stiva, un caballero corpulento, alegre y simpático que, sin embargo, tiene la mala costumbre de engañar a su mujer. Un gran escritor consigue hacer interesantes hasta las vidas más comunes, y no con giros argumentales inverosímiles, sino porque nos revela la trágica complejidad que se esconde detrás de las peleas domésticas y los pequeños dramas conyugales. Tolstói nos muestra lo «extraordinario» de la vida ordinaria, y eso solo lo consiguen los grandes clásicos.

....

¿QUÉ ES, POR TANTO, UN CLÁSICO?
A menudo me he preguntado cuál es la diferencia entre un libro bello e interesante y un libro genial. Algunos, como

Nabokov, te dirán que están los libros que te provocan un escalofrío, los grandes libros, los geniales, los únicos que merece la pena leer, y luego todos los demás. No sé si Nabokov tiene razón, porque a veces incluso un libro que no es una obra maestra tiene algo interesante que decir. Aun así, en una cosa no se equivocó: *Anna Karénina* es uno de esos libros que me provocaron ese escalofrío. Leyéndolo aprendí a leer los clásicos, porque en esta novela rusa encontré las cualidades que un buen clásico debe tener.

Nunca encontraréis en ellos a «los buenos» y a «los malos» típicos de la narrativa de género: los buenos siempre tendrán sus caídas, y hasta los malos tendrán sus momentos de heroísmo; incluso los personajes más mezquinos o viles tienen su porqué, su historia, su complejidad. Incluso personajes como Alekséi Karenin, el odioso marido de Anna Karénina, al final de la lectura no nos inspiran odio, sino lástima.

Un buen libro, que quizá algún día se convierta en un clásico, se reconoce de inmediato porque tiene un *estilo* propio. Lo que marca la diferencia no es tanto la historia en sí, sino la forma en que está narrada. En la pintura como en la música, cada artista tiene su estilo, su huella, su forma absolutamente única de observar la realidad y plasmarla a través de imágenes y sonidos. Si las obras de Caravaggio siguen seduciéndonos después de siglos, es por sus efectos de luz, su manera única de representar las sombras. Lo mismo ocurre con un libro. Hay libros que parecen todos escritos con la misma voz aséptica, anónima, incolora. En cambio, basta abrir al azar una novela de Dostoievski y leer unas pocas líneas para sentir que esas frases, llenas de expresiones como «adrede» o, para crear una sensación de vaguedad, «parecer», «de repente», o de adjetivos vívidos, no podría haberlas escrito nadie más.

No es precisamente algo placentero, pero en los buenos libros casi siempre he encontrado una descripción cruda y auténtica del sufrimiento. En los clásicos jamás he encontrado cosas empalagosas como sentimentalismos o finales felices cueste lo que cueste.

Sin embargo, la cualidad más importante de un clásico es solo una: hace temblar, estremecerse, que lata el corazón. Un clásico no se parece a ningún otro libro. La voz de sus personajes, la forma en que está escrito, nos sacuden, nos dejan atónitos y nos empujan a pensar: «Esto no lo había leído antes».

....

Lo extraordinario de lo ordinario

Al principio de la novela, Anna es una mujer rica y brillante, admirada por la alta sociedad de San Petersburgo; tiene un hijo al que adora y un marido al que respeta. Es una mujer aparentemente satisfecha consigo misma: disfruta de los placeres mundanos que la vida le ofrece y vive sin preocupaciones, sin angustias, hasta que se cruza con Vronski. Ese encuentro tiene un efecto catártico en su vida.

¿Recordáis el cuento de *La bella durmiente?* En él, una joven se pincha con un alfiler envenenado y cae en un sueño profundo; transcurren los años, las décadas, pero el paso del tiempo parece no tener ningún efecto sobre la princesa dormida. Pues bien, la vida de Anna antes de conocer a Vronski se asemeja a un sueño encantado: asiste a bailes y recepciones, se cuida, charla, baila, lee, come, pero es como si no estuviera realmente viva. Lo que hoy llamamos rutina o hábito le ha nublado la vista. No me malinterpretéis: Tolstói nos describe a Anna como una mujer llena de encanto y vitalidad; su sonrisa y sus ojos son de lo más seductores. Pero es una vitalidad que solo se manifiesta en su aspecto, en su manera de moverse y de comportarse. Lo más profundo de su alma ha caído en un profundo sueño. Hasta que, en un momento dado, el hechizo se rompe.

Tolstói nos muestra la transformación interior de Anna de un modo aparentemente trivial. Hay una escena en la que Anna está en el tren leyendo, pero no logra concentrarse en la lectura; algo la agita, la inquieta.

Anna se enteraba ahora de lo que leía, pero aquella lectura no le procuraba ninguna satisfacción: tenía tantas ganas de vivir que le costaba conformarse con el reflejo de esas vidas ajenas. Si la heroína de la novela cuidaba de un enfermo, a ella le entraban ganas de entrar sin hacer ruido en la habitación donde aquel convalecía; si un parlamentario pronunciaba un discurso, ansiaba ser ella quien tomara la palabra; si lady Mary galopaba en pos de su jauría, irritando a su nuera y asombrando a todos con su audacia, ella se moría por imitarla. Pero, como no era posible, se forzaba a seguir leyendo, dando vueltas entre sus pequeñas manos a la lisa plegadera.[3]

Lo que experimenta Anna es una verdadera epifanía, tan potente como la del príncipe Andréi en el campo de batalla de Austerlitz; lo extraordinario es que esta epifanía ocurre en un tren, en un vagón de pasajeros aparentemente común, donde Anna renace a la vida. Tolstói tiene predilección por estas iluminaciones, pero con *Anna Karénina,* con esta escena de una ilustre dama que lee distraída, Tolstói «despega», como si pelara una cebolla, la superficie de la cotidianidad para revelar a los lectores las intensas corrientes subterráneas que, como un magma ardiente, se agitan tras los momentos y las acciones más prosaicas. Y esto es algo que solo los clásicos pueden lograr. O, mejor dicho, es una forma de mirar las cosas que los lectores solo aprendemos a desarrollar gracias a los clásicos.

El despertar de Anna de su letargo mágico pasa a través del deseo. No un deseo erótico, sino el puro acto de desear. Así, Vronski no es más que el catalizador del renacimiento de Anna, que recupera la posesión de sus deseos: le gustaría «entrar sin hacer ruido, galopar en pos de una jauría, pronunciar un discurso ante el Parlamento». Los deseos de Anna no son específicos, aún no desea nada en particular: simplemente tiene sed de vida. Esta tensión extática hacia lo infinito, este movimiento del alma hacia múltiples posibilidades, es deseo en su forma más pura. En cuanto Anna canaliza hacia Vronski este fuego blanco que la exalta, la eleva y la transforma, su energía se apaga. La fuerza del impulso que la guía es demasiado vasta para reducirla a un único objeto; Anna dirige toda su esencia hacia un solo fin, pero el amor por un solo hombre no puede contener la pasión absoluta que la anima. Por eso, a lo largo de toda la novela, pesa una profunda incomprensión entre Anna y Vronski. Ambos se mueven en planos distintos del ser. Vronski siente afecto, pasión y amor por su compañera; Anna busca en el amor con Vronski algo absoluto, una entrega incondicional que compense todo lo que ha sacrificado: su hijo, el respeto de la sociedad, su antigua vida.

> ¿Y qué pasaría si hubiera dejado de quererme y solo fuera bueno y cariñoso conmigo por deber? ¿Si no pudiera darme lo que yo quiero? Eso sería aún mil veces peor que el resentimiento. ¡Eso sería el infierno![4]

Anna rebosa una sed de vida que ha canalizado hacia Vronski y que la consume desde dentro. Sueña y se lanza hacia lo infinito, pero, en vez de extenderse hasta las estrellas, en lugar de descubrir qué hay más allá del horizonte, se detiene en la primera parada que encuentra en el camino.

Una heroína «corriente»

Anna es un personaje que a menudo provoca reacciones ambivalentes. A pesar de la feroz pasión que la impulsa, es un personaje corriente. Su trágico destino nos conmueve y nos despierta compasión, pero no nos genera ese profundo sentimiento de *pietas*, de emoción trágica, como Antígona, Ofelia o Natasha Filíppovna, mujeres que pertenecen a una dimensión heroica, extraordinaria. Anna Karénina es una mujer que podríamos encontrar en la vida cotidiana. Es dominante, irracional, temperamental. Cuando se entrega a escenas de celos, cuando cede a la vanidad y la vemos seducir a Levin solo por el placer de demostrarse a sí misma que sigue siendo una mujer capaz de «fascinar» a cualquier hombre, nos suscita cierta irritación. Al fin y al cabo, Anna es una persona absolutamente corriente. Este es uno de los aspectos más interesantes de los personajes de *Anna Karénina*: Tolstói nos obliga a empatizar con el destino de la vecina, la cuñada, la hermana, la amiga descarriada, personas a las que tal vez solo les habríamos dedicado una sonrisa condescendiente, pero de quienes jamás habríamos pensado que pudieran tener también una dimensión trágica.

Un día este dolor te será útil: la muerte de Nikolái

Hay una escena en *Anna Karénina* que se me ha quedado grabada: la muerte de Nikolái, el hermano de Levin. En realidad, es un personaje secundario; sabemos de él que es un joven infeliz y desgraciado, enfermo de tuberculosis, un hombre al que todo le ha salido mal. Cuando nos lo encontramos por primera vez, lo vemos a través de los ojos de Levin y sentimos toda su piedad por este hermano nervioso, lleno de rabia y dolor.

> Levin escuchaba y pensaba en lo que podría decirle, pero no se le ocurría nada. Nikolái, a quien seguramente le pasaba lo mismo, empezó a preguntarle por sus asuntos. Levin, contento de hablar de sí mismo, pues así no tenía que recurrir a

disimulos, le habló a su hermano de sus proyectos y de sus actividades. Nikolái le escuchaba, pero era evidente que esas cosas no le interesaban. [...] En esos momentos los dos estaban pensando en lo mismo, en la enfermedad y la muerte inminente de Nikolái, y ese presentimiento ahogaba cualquier otra consideración. Ni uno ni otro se atrevía a mencionar esa cuestión, la única que en verdad les interesaba, y todo lo que decían sonaba a falso. [...] Tenía ganas de llorar por su querido hermano, ya con un pie en la tumba, y sin embargo debía escuchar sus comentarios sobre la nueva vida que pensaba llevar.[5]

Luego, hacia la mitad del libro, Tolstói describe la muerte de Nikolái. Y cuando nos arrastra, junto con Levin, a la pequeña habitación del enfermo, cuando nos hace percibir los penetrantes olores de esta habitación, y nos hace ver ese cuerpo demasiado largo y demasiado delgado que su hermano apenas logra reconocer, y cuando describe el sufrimiento de Nikolái, su constante vaivén entre la esperanza y la conciencia de su muerte inminente, sentimos toda la angustia de Levin y todo el dolor de Nikolái. Son páginas que, como diría Paolo Nori, hacen sangrar. Y este es uno de los motivos por los que me encantó *Anna Karénina:* porque, a veces, incluso sangrar es necesario.

Algunas novelas esquivan el dolor, se mantienen a una prudente distancia del sufrimiento. *Anna Karénina* es una gran novela porque nos ofrece una representación auténtica del mismo. Nos hace saborear esa cosa oscura, la angustia, tal como es, sin endulzarla. No la embellece, no persigue a toda costa un final feliz. Cuando me he estrellado contra un muro, cuando no he podido fabricar un final positivo porque la vida no está obligada a cumplir nuestros deseos y esperanzas, he encontrado consuelo al sangrar junto con Levin y Nikolái. Cada vez que leo estas páginas, termino pensando en un amigo mío, Sebastiano, que se fue demasiado pronto, de la manera más estúpida y cruel posible, en un accidente de tráfico. Al derramar una lágrima por el infeliz destino de Nikolái, aprendí a llorar por Sebastiano y por mí misma, porque sí, llorar también hace bien.

La evolución de Vronski

Vronski, al igual que Anna, también es un hombre corriente. Tolstói nos lo describe utilizando lo que yo llamo la «técnica del espejo». Hay un príncipe que Vronski tiene a su lado y que encuentra insoportable. La razón principal por la que la presencia de este príncipe

> le resultaba tan insoportable era que involuntariamente se veía reflejado en él. Y lo que veía en ese espejo no halagaba su amor propio. Era un hombre muy estúpido, muy seguro de sí mismo, rebosante de salud y muy estricto en el cuidado personal. Nada más. Claro que era un caballero, eso Vronski no podía negarlo. En presencia de sus superiores hacía gala de una actitud digna, nada servil, era sencillo y desenvuelto con sus iguales y se mostraba desdeñoso y condescendiente con los inferiores. Vronski, que también era así, lo consideraba una gran virtud. Pero estaba en un plano de inferioridad con respecto al príncipe, y esa actitud entre despectiva y condescendiente le indignaba.[6]

Nosotros, como lectores, ya hemos conocido a Vronski: lo hemos visto en la piel del joven encantador que seduce a Kitty, hemos compartido con ella las esperanzas que había depositado en él y hemos descubierto cuán inconsistente y superficial era su atracción por ella. En una mala novela, Vronski habría interpretado el papel del seductor frívolo y apenas habríamos percibido más de él que su sonrisa y su encantador *savoir faire*. Tolstói, en cambio, lo convierte en uno de los principales protagonistas de su novela y nos muestra que, en el fondo, Vronski no es tan superficial como parece. Cuando reconoce en el príncipe un reflejo de sí mismo, siente repulsión, porque ve en él sus propios defectos. Vronski va un paso más allá respecto al hombre común, tan perspicaz para notar los defectos de los demás como ciego ante los propios: se ve a sí mismo reflejado en el príncipe y siente vergüenza. Esa incomodidad expresa un rasgo distintivo de los grandes personajes de Tolstói: la capacidad de cuestionar las bases de su propio mundo.

Quiero que leáis los pensamientos que pasan por la mente de Daria Aleksándrovna, la esposa de Stiva. Ha aceptado la invitación de Anna y está de viaje, lejos de su familia y de sus hijos; este corto viaje le da la oportunidad de pensar en sí misma, en su vida.

Cuando estaba en casa, la preocupación constante por sus hijos no le dejaba tiempo para pensar. En cambio ahora, en esas cuatro horas de trayecto, todos los pensamientos acumulados le vinieron de pronto a la cabeza, y pasó revista a su vida como no lo había hecho nunca, desde los ángulos más diversos. Hasta ella misma se extrañó de lo que se le ocurría. Al principio pensó en sus hijos, por los que estaba preocupada, a pesar de que la princesa y, sobre todo, Kitty (tenía más confianza en esta última) habían prometido ocuparse de ellos. [...] «En general —se decía Daria Aleksándrovna, pasando revista a sus quince años de matrimonio—, mi vida ha discurrido entre embarazos, mareos, fases de embotamiento mental e indiferencia por todo y, encima, con esa deformación del cuerpo. Kitty, la joven y bonita Kitty, ya ha perdido buena parte de sus encantos; en cuanto a mí, sé que los embarazos me vuelven horrible. Los partos, los sufrimientos terribles y ese instante postrero... Luego la lactancia, las noches en vela, esos dolores espantosos...» [...]. «Después las enfermedades de los niños, ese temor constante; más tarde la educación, las inclinaciones perversas —se acordó del estropicio de Masha con las frambuesas—, los estudios, el latín, todas esas cosas tan incomprensibles y difíciles. Y por encima de todo, la posibilidad de la muerte». Por su imaginación volvió a pasar ese recuerdo que desgarraba su corazón de madre: el fallecimiento de su último hijo, que murió de difteria; el entierro, la indiferencia general ante ese pequeño ataúd rosado, su corazón destrozado y su dolor solitario delante de esa pálida frente, con rizos en las sienes, y esa boquita abierta y sorprendida en el momento en que colocaban la tapa rosa con un galón dorado en forma de cruz. «¿Y todo eso para qué? ¿Qué sentido tiene? Viviré sin gozar de un instante de reposo, tan pronto embarazada como ocupada con la crianza, siempre enfurruñada y de mal humor, atormentándome a mí misma y atormentando a los demás, haciéndome odiosa a mi marido... Y encima para que mis hijos sean desgraciados, no completen su educación ni tengan dónde caerse muertos».[7]

En el siglo XIX no había anticonceptivos, y la mortalidad infantil era una pesadilla con la que tenían que convivir todas las madres. El papel de la mujer en la sociedad era ser esposa y madre; no podía tener otras aspiraciones ni se esperaba que cuestionara su papel. Los personajes de una novela son siempre «hijos» de su época: expresan ideas, sensibilidades y culturas que son producto de su tiempo. Nos corresponde a nosotros, los lectores, elevar nuestra mirada por encima de los límites de la mentalidad de su época. A medida que leemos, tenemos la oportunidad de observar desde lo alto el desarrollo de sus vidas, y, quizá, al enfrentarnos a la idea de un matrimonio de conveniencia, como el que se ve obligada a aceptar la joven Lydia en *Orgullo y prejuicio*, o al duelo entre Pierre y Dolójov en nombre del honor, fruncimos el ceño y reprimimos una mueca. Las ideas y normas morales tan arraigadas en estos personajes nos parecen absurdas, ridículas, y quizá nos inciten a reflexionar sobre costumbres igualmente arraigadas en nosotros hoy, que dentro de un siglo tal vez parezcan igual de absurdas y ridículas a los lectores del futuro.

Un gran autor reinventa un mundo, «no tiene a su disposición ningún valor predeterminado: debe crearlos él».[8] Los personajes de Tolstói, sin embargo, no se limitan a vivir en el mundo que el autor ha creado para ellos. Se convierten ellos mismos, aunque solo por un breve instante, en «creadores». Cuestionan su mundo, sus reglas, sus costumbres; tienen destellos de conciencia que les permiten elevarse más allá de la rutina de la vida cotidiana, más allá de las fronteras y los límites de su tiempo. No encontraréis algo parecido en las novelas de Jane Austen, ni en *Los novios* ni en *Madame Bovary*, pero sí lo encontraréis en esa pequeña obra maestra que es *El último día de un condenado a muerte*, de Victor Hugo, y lo encontraréis en Tolstói.

Pero volvamos a Vronski. El encuentro con Anna ha encendido una nueva conciencia en él. Vronski, al igual que Anna, despierta de un sueño encantado, pero su despertar no es tan repentino. *Anna Karénina* está llena de «umbrales psíquicos» que, una vez cruzados, producen un vuelco en el mundo interior de los personajes. Para Anna, uno de estos umbrales es, precisamente, el encuentro con Vronski. Vronski, por su parte, cruza su primer umbral gracias al esposo de Anna.

Anna acaba de dar a luz y parece estar muriéndose de fiebre puerperal. A su cabecera están su marido y su amante, una escena aparentemente grotesca que Tolstói maneja con gran habilidad. Anna delira por la fiebre, desvaría, y solo tiene ojos para su marido; le pide perdón por el dolor y la vergüenza que le ha causado. Su marido, Alekséi Aleksándrovich Karenin, manifiesta por primera vez una nobleza, una gracia y una paciencia que dejan perplejos a todos, especialmente a Vronski.

Después de la conversación con Alekséi Aleksándrovich, Vronski salió de la casa y se detuvo, preguntándose dónde estaba y adónde tenía que dirigirse. Se sentía avergonzado, vejado, culpable, privado de cualquier posibilidad de lavar su humillación. Tenía la impresión de haberse salido de ese camino que con tanta facilidad y orgullo había seguido hasta entonces. Todos sus hábitos y reglas de vida, que tan sólidos le habían parecido, de pronto resultaban falsos e inaplicables. El marido burlado, que hasta ese momento se le había antojado una figura lastimosa, un obstáculo casual y algo ridículo en la busca de la felicidad, de pronto se había elevado, gracias a ella, a una altura asombrosa, y una vez allí, lejos de parecer malvado, falso o irrisorio, había dado muestras de bondad, sencillez y generosidad.[9]

La actitud humilde, paciente y generosa de Alekséi socava los cimientos del mundo de Vronski: él debía interpretar el papel del amante valiente, desafiante del peligro, mientras que Alekséi debía ser el marido engañado, tonto, mezquino y ridículo. Alekséi invierte estos papeles, y Vronski se da cuenta de que en la vida no existen papeles predefinidos que interpretar. Deja de ser un drama y se convierte en vida: algo tan excepcional, inasible e imposible de regular con códigos y normas de comportamiento que Vronski se siente conmocionado. El suelo se derrumba bajo sus pies, se encuentra expuesto a la inmensidad de un espacio vacío, a lo desconocido. Lo que experimenta Vronski es un verdadero naufragio del alma. Debe aprender a nadar sin apoyarse en la moral, sin aferrarse a los códigos de conducta compartidos por el mundo. No hay tierra firme a la vista, no hay nada sólido ni estable a lo que agarrarse: a su alrededor solo ve una vasta extensión de agua en la que puede ahogarse o vagar a la deriva, *ad infinitum*.

Pero le resultaba penoso concentrarse en algo que no estuviera relacionado con lo que le obsesionaba. «¡No, tengo que dormirme!». Acercó la almohada y apoyó la cabeza, pero tuvo que hacer un esfuerzo para no abrir los ojos. De pronto se incorporó de un salto. «Todo ha terminado para mí —se dijo—. Es preciso que piense en lo que debo hacer. ¿Qué me queda?». En una especie de fogonazo se imaginó la vida que le esperaba privado del amor de Anna.

«¿La ambición? ¿Serpujovski? ¿La sociedad? ¿La corte?». Ninguna de esas cosas consiguió atraer su atención. Antes todo eso tenía significado, pero ahora había perdido su importancia.[10]

Vronski comprende la vacuidad de las certezas en las que había confiado; los cimientos de su vida se tambalean. Podría aferrarse a esta revelación y transformarse en un hombre nuevo. En cambio, no cruza el umbral que le conduciría a una nueva comprensión de la existencia. Después de un intento de suicidio, se ve absorbido de nuevo por el ajetreo cotidiano, huye a Italia y, cansado del extranjero, regresa a Rusia, se traslada con Anna a una casa de campo, se deja envolver por la vida social y, mientras tanto, su relación con Anna se deteriora. La exclusión de Anna de la sociedad, que en cambio sigue acogiendo a Vronski con los brazos abiertos, exacerba el sufrimiento y los celos de ella. Vronski subestima su dolor y, al final, ella se suicida.

Después de la muerte de Anna, vemos a Vronski por última vez en un tren, listo para embarcarse en la guerra en defensa de los eslavos. Del hombre alegre, jovial y un tanto frívolo que fue antaño no queda ni rastro. El dolor, como un gran incendio, ha consumido toda su vanidad. El donjuán ordinario se ha convertido en un hombre que se ha autoexcluido de la civilización porque no encuentra sentido al sufrimiento que lo ha golpeado. Si en *Anna Karénina* hubiera más capítulos dedicados a Vronski, habríamos leído la historia de un hombre mucho más interesante y rico espiritualmente que el que llegamos a conocer a lo largo de la novela. Por supuesto, *Anna Karénina* ya tiene su final, un final que no puede reescribirse, pero, aun así, podemos imaginar una hipotética continuación.

Un buen libro nunca debería tener un final cerrado y definitivo, a menos que concluya con la muerte del protagonista. El final abierto de *Anna Karénina* deja espacio a la imaginación y, por trágico que sea, nos muestra un Vronski completamente nuevo, un personaje que ha sufrido una metamorfosis. Los clásicos a menudo nos narran estas metamorfosis del alma. Si elegimos leerlos, es porque queremos comprender cómo y por qué se producen, qué sucede en ese espacio entre el principio y el final, en esas odiseas del alma. Si estamos ávidos de historias, si queremos saber más, es porque andamos en busca de esos significados, de esas estrellas polares; porque queremos encontrar un rumbo en esa extraña cosa llamada existencia.

El marido: el papel que nadie quiere interpretar

Entre los muchos personajes de *Anna Karénina,* hay uno que se queda grabado en la mente de todos los lectores y que merece la pena analizar: Alekséi Aleksándrovich Karenin. Alekséi encarna un tipo humano muy específico: el burócrata. Es un alto funcionario que vive entre expedientes polvorientos, códigos y normas que deben ser aplicadas. La palabra «burócrata» no solo define el trabajo de Alekséi, no es solo una profesión, sino la esencia misma de este personaje. Alekséi adora el orden, la precisión; su vida está marcada por una estricta puntualidad. Todo en su mundo es geométricamente simétrico, aritméticamente predecible. No es un hombre, sino una máquina: para él, la vida es algo «incomprensible», porque no puede codificarse ni encerrarse en una norma.

Alekséi Aleksándrovich se hallaba cara a cara con la vida, ante la posibilidad de que su esposa se hubiera enamorado de otro hombre, y eso le parecía incomprensible y desatinado porque era la vida misma. Ocupado siempre de sus obligaciones profesionales, solo le había llegado un reflejo de la vida. Y cada vez que se topaba con la vida de verdad, se echaba a un lado. Las sensaciones que le embargaban ahora se asemejaban a las de un hombre que está atravesando tranquilamente un precipicio por un puente y de pronto advierte que el puente se desmorona y que bajo sus pies se abre el abismo. Ese abismo era la vida real, y el puente la vida artificial que había llevado Alekséi Aleksándrovich.[11]

Cuando observa la imprevisibilidad de la vida reflejada en los ojos enamorados de Anna, unos ojos llenos de otro hombre, de una pasión, de un amor que no podía prever ni controlar, Alekséi siente miedo.

Mientras hablaba, contemplaba los ojos risueños de Anna, que ahora se le antojaban terribles por su impenetrabilidad, y se daba cuenta de que sus palabras eran inútiles y vanas.[12]

Alekséi Karenin, al igual que Anna y Vronski, también se ve obligado a cuestionarse a sí mismo. Los tres protagonistas de este triángulo amoroso reciben el golpe de la misma onda de choque: la vida ociosa y mundana de Anna y Vronski y la vida previsible y controlada de Alekséi se ven trastocadas por la irrupción del amor. En la tradición grecorromana, los dioses siempre irrumpen con violencia, sin consideración por nada ni nadie.

Como Anna y Vronski, Alekséi también tiene un momento de iluminación, una epifanía que lo impulsa a perdonar la traición de su esposa y a sentir compasión por la criatura que Anna acaba de dar a luz, aunque no sea su hija.

La alimenta, la cuida mientras Anna se encuentra al borde de la muerte. Es el clímax para este personaje, un instante de máxima claridad, comprensión y nobleza, pero se agota rápidamente; ninguno de los protagonistas de *Anna Karénina* está a la altura de su epifanía. Alekséi Karenin sabe que, como marido traicionado, es objeto de burla, siente el desprecio del mundo y, en lugar de conceder el divorcio a Anna y poner fin a una situación insostenible, se obstina en negarle la libertad en nombre de una hipocresía espiritual que lo vuelve repugnante a los ojos de cualquier lector. Sin embargo, Alekséi Karenin tampoco puede ser odiado del todo: tiene momentos de nobleza y, como Anna, también de bajeza. En las novelas de Tolstói no hay grandes villanos; los que hacen el mal son malvados involuntarios, que actúan por cobardía, ignorancia o superficialidad.

El refugio de Alekséi en un mundo de leyes y códigos provoca más lástima que odio. A través de la jaula en la que este personaje se ha encerrado, Tolstói nos habla de las muchas jaulas en las que los seres humanos nos recluimos voluntariamente. Estas jaulas pueden ser la racionalidad, la rutina, la costumbre, la hipocresía. Y al leer *Anna Karénina,* sentí que también hay un Alekséi Karenin agazapado dentro de mí.

Lo siento aflorar cuando me tomo demasiado en serio mi papel; cuando pospongo una decisión difícil pero necesaria; cuando apelo a la moral para justificar un comportamiento que me resulta conveniente; cuando por hipocresía finjo sentimientos o pensamientos que no me pertenecen. Pero, sobre todo, lo siento aparecer cuando intento controlar a los que me rodean; cuando quiero planificar, cronometrar mi tiempo, mis metas, mis objetivos, exigiendo que la vida se adapte a mis deseos y expectativas; cuando, en definitiva, vivo con la absurda pretensión de controlar la vida, lo más estúpido que se puede creer o desear, como por suerte me recuerda *Anna Karénina.*

Conclusiones

El viaje infinito

Dice un viejo adagio que todo viaje está destinado a terminar. Sin embargo, con la literatura, sucede exactamente lo contrario: ni siquiera una vida entera bastaría para leer todos los clásicos del mundo; siempre habrá un nuevo libro que nos llame desde el estante, y bastará con tomarlo y dejarnos seducir por su canto para emprender un nuevo viaje, una nueva aventura. Dos son las brújulas, los mapas que he tratado de mostraros y que espero que puedan guiaros por el vasto océano de la literatura: el placer estético y el gusto por el descubrimiento.

Por placer estético me refiero a esa mezcla de encantamiento, respiración entrecortada y escalofríos de placer que debe despertar la buena literatura, la buena prosa. Esta cualidad de los clásicos podría parecer inútil en los aspectos prácticos de la vida; la gran literatura, como bien intuyó Nabokov, es un puro lujo, algo superfluo, no indispensable para la supervivencia. Pero precisamente por eso es tan necesaria para el alma como el oxígeno lo es para el cuerpo, porque «no solo de pan vive el hombre».

La segunda brújula que ha guiado mis exploraciones, el placer del descubrimiento, es como la estrella polar que, como una mano amiga, me ha ayudado a orientarme tanto en la vida como en la literatura y está profundamente ligada a un recuerdo de mi infancia. En el barrio de Roma donde crecí, Dragona, en la noche de San Lorenzo, los chicos jugaban a un extraño desafío. Tenían que adentrarse en la propiedad de un viejo granjero, saltar la valla, correr en la oscuridad sin que los vieran y esquivar a los perros que patrullaban los campos hasta llegar a la plantación de sandías. El objetivo de esta aventura era regresar indemnes y con una sandía robada, un hurto simbólico, parte de un rito de iniciación que servía como prueba de valor. Más tarde supe que el viejo granjero estaba al tanto de lo que hacían los chicos la noche de San Lorenzo, así que encerraba a los perros y les permitía colarse en su terreno para que vivieran su aventura. Yo los veía regresar jadeantes, sudorosos, con un brillo excitado en los ojos, y a mis once años maldecía mi suerte de niña, porque aquello solo era «cosa de chicos».

Pero, con el tiempo, me di cuenta de que sumergirse en la mente de un asesino o en la de un humilde pescador que caza un pez aguja en medio del océano, o en la de una mujer que se encuentra atrapada entre una vida segura y acomodada y el amor desesperado por un hombre que no es su marido, puede ser igual de emocionante. Cuando estás allí, con Edmond Dantès, y luchas por liberarte de las cadenas que te arrastran al fondo del océano, o cuando cruzas temblando con Raskólnikov la plaza Sénnaia con el único propósito de confesar tu crimen a la policía, estás viviendo la aventura más intensa de todas. No se trata solo de identificarse con estos personajes, de vivir sus aventuras gracias a ese milagro llamado imaginación, ni tampoco de conocerte a ti mismo o de no sentirte solo… Estos libros tienen el poder de hacerte sentir atrapado, de transmitirte la emoción que experimenta un explorador cuando, al avanzar por la jungla, ve aparecer de repente ante él el legendario templo perdido… Ahí radica el placer de la lectura: está íntimamente ligado al escalofrío del descubrimiento. Donde antes había un seto, un muro, de pronto se abre un horizonte, algo tan vasto y profundo que te impulsa a pensar como el príncipe Andréi en *Guerra y paz:* «¿Por qué nunca había mirado este cielo tan alto e inmenso?».

Leer sin experimentar esta emoción no tiene sentido. Puedes leer todos los clásicos del mundo, pero si lo haces solo porque alguien te lo ha impuesto o quizá porque te han dicho que es un libro importante, significativo, que te hará reflexionar y te proporcionará una comprensión más amplia y profunda de la existencia, si, en definitiva, te acercas a la literatura con una actitud racional, con la intención de acumular poesía y conocimiento sin buscar algo que responda a un hambre interior, una necesidad genuina de tu ser, la gran literatura nunca actuará realmente sobre ti. Será una experiencia interesante, sí, pero nunca conectará de un modo pleno con la profundidad de tu alma, con el tejido interior de tu espíritu.

El arte de leer, si es que realmente es posible codificar este arte que nos guía en ese misterioso proceso erótico y que nos empuja a acercar nuestro oído interior a la música de un libro en particular, nace de escuchar las inquietudes que habitan en nuestro corazón, las preguntas que nos atormentan en mitad de la noche, las voces inarticuladas que resuenan en nuestra mente y alma. Dejad que sean estas voces las brújulas, los mapas, las estrellas guía en vuestro viaje a través de la gran literatura. Leed siguiendo vuestros instintos, escoged los libros que os hablan porque responden a esas preguntas insaciables que arden en vuestro interior y dad rienda suelta siempre a vuestras pasiones. La pasión os llevará a noches de insomnio, a momentos de frenesí y de obstinada devoción; en ningún caso será una experiencia razonable o sensata. Pero si no aprendemos a ser también irrazonables y un poco insensatos, corremos el verdadero riesgo de perdernos lo mejor de la vida.

Bibliografía

Bajtín, Mijaíl, *Dostoevskij. Poetica e stilistica,* Einaudi, Turín, 2002. Trad. italiana de Giuseppe Garritano *[Problemas de la poética de Dostoievski,* FCE, 2000. Trad. de Tatiana Bubnova].

Bori, Pier Cesare, *L'altro Tolstoj,* il Mulino, Bolonia, 1995.

Brilli, Attilio, *In viaggio con Leopardi,* il Mulino, Bolonia, 2017.

Brod, Max, *Franz Kafka, una biografia,* Mondadori, Milán, 1956. Trad. italiana de Ervino Pocar.

Bunin, Iván, *A proposito di Čechov,* Trad. italiana de Claudia Zonghetti, Adelphi, Milán, 2015.

Camus, Albert, *Il mito di Sisifo,* Bompiani, Milán, 2013. Trad. italiana de Attilio Borelli. *[El mito de Sísifo,* Alianza, 2012. Trad. De Esther Benítez].

Citati, Pietro, *Tolstoj,* Adelphi, Milán, 1996.

Citati, Pietro, *Kafka,* Adelphi, Milán, 2007. *[Kafka,* Acantilado, 2012. Trad. de José Ramón Monreal].

Citati, Pietro, *Il Male assoluto. Nel cuore del romanzo dell'Ottocento,* Adelphi, Milán, 2013.

Citati, Pietro, *Il don Chisciotte,* Mondadori, Milán, 2014.

Citati, Pietro, *Il silenzio e l'abisso,* Mondadori, Milán, 2018.

Citati, Pietro, *La ragazza dagli occhi d'oro,* Adelphi, Milán, 2022.

Dostoiévskaia, Anna Grigorievna, *Dostojevskij, mio marito,* Lipschutz, Bompiani, Milán, 2013. Trad. italiana de Anna Milazzo. *[Memorias,* Hermida Editores, 2023. Trad. de Alejandro Ariel].

Dostoevski, Fiódor, *Lettere sulla creatività,* edición de Gianlorenzo Pacini, Feltrinelli, Milán, 2005.

Dostoievski, Fiódor, *Diario di uno scrittore,* Bompiani, Milán, 2017. Trad. italiana de Armando Torno *[Diario de un escritor,* edición de Paul Viejo, Páginas de Espuma, 2021].

Folin, Alberto, *Leopardi e il canto dell'addio*, Marsilio, Venecia, 2008.

Folin, Alberto, *Il celeste confine. Leopardi e il mito moderno dell'infinito*, Marsilio, Venecia, 2019.

Freud, Sigmund, *Shakespeare, Ibsen e Dostoevskij*, a cargo de Pietro Veltri, Bollati Boringhieri, Turín, 1976.

Fusini, Nadia, *Di vita si muore. Lo spettacolo delle passioni nel teatro di Shakespeare*, Mondadori, Milán, 2013.

Fusini, Nadia, *Vivere nella tempesta*, Einaudi, Turín, 2016.

Hesse, Hermann, *Saggi. Poesie scelte*, Trad. italiana de Italo Alighiero Chiusano, Mondadori, Milán, 1965.

Kafka, Franz, *Lettere*, a cargo de F. Masini, Mondadori, Milán, 1988. [*Cartas 1900-1914: Obras completas IV*, Galaxia Gutenberg, 2018. Trad. de Adan Kovacsics; *Cartas 1914-1920: Obras completas V*, Galaxia Gutenberg, 2024. Trad. de Carlos Fortea; *Cartas a Felice*, Nórdica, 2019. Trad. de Pablo Sorozábal; *Cartas a Milena*, Alianza Editorial, 2016. Trad. de Carmen Gauger].

Kundera, Milan, *L'arte del romanzo*, Adelphi, Milán, 2022. Trad. italiana de Ena Marchi. [*El arte de la novela*, Tusquets, 2022. Trad. de Fernando de Valenzuela y María Victoria de Villaverde].

Macchia, Giovanni, *Manzoni e la via del romanzo*, Adelphi, Milán, 1994.

Manganelli, Giorgio, *Il rumore sottile della prosa*, Adelphi, Milán, 1994.

Manganelli, Giorgio, *Letteratura come menzogna*, Adelphi, Milán, 2004. [*La literatura como mentira*, Editorial Dioptrías, 2014. Trad. de Mariagiovanna Lauretta].

Manganelli, Giorgio, *Concupiscenza libraria*, Adelphi, Milán, 2020.

Manganelli, Giorgio, *Altre concupiscenze*, Adelphi, Milán, 2022.

Manzoni, Alessandro, *Io ti ho a scrivere cose sì strane. Lettere di un grand'uomo tra casa e bottega*, L'orma editore, Roma 2023.

Manzoni, Alessandro, *Lettere d'amore, d'amicizia e d'altre cose*, introducción y edición de Pierantonio Frare, prefacio de Edoardo Albinati, Rizzoli, Milán, 2023.

Nabokov, Vladimir, *Lezioni di letteratura*, a cargo de Fredson Bowers, Garzanti, Italia, 1982. Trad. italiana de Ettore Capriolo. [*Curso de literatura europea*, Debolsillo, 2020. Trad. de Francisco Torres].

Nabokov, Vladimir, *Lezioni di letteratura russa*, a cargo de Fredson Bowers, Garzanti, Italia 1994. Trad. italiana de Ettore Capriolo. [*Curso de literatura rusa*, Debolsillo, 2020. Trad. de Luisa Balseiro].

Nabokov, Vladimir, *Nikolàj Gogol'*, a cargo de Cinzia De Lotto y Susanna Zinato, Adelphi, Milán, 2014. *[Nikolái Gógol*, Anagrama, 2022. Trad. de Anna Renau].

Nabokov, Vladimir, *Intransigenze*, Adelphi, Milán, 2015. Trad. italiana de Gaspare Bona. *[Opiniones contundentes*, Anagrama, 2017. Trad. de María Raquel Bengolea y Damià Alou].

Némirovsky, Irène, *La vita di Čechov*, Elliot, Roma, 2015. Trad. italiana de Monica Capuani. *[La vida de Chéjov*, Salamandra, 2022. Trad. de José Antonio Soriano].

Nigro, Salvatore Silvano, *Il principe fulvo*, Sellerio editore, Palermo, 2012.

Nori, Paolo, *Sanguina ancora. L'incredibile vita di Fëdor M. Dostojevskij*, Mondadori, Milán, 2021.

Proust, Marcel, *Il piacere della lettura*. Trad. italiana de Donata Feroldi, Feltrinelli, Milán, 2016.

Ranieri, Antonio, *Sette anni di sodalizio con Leopardi*, Studio editoriale, Milán, 2016.

Runfola, Patrizia, *Praga al tempo di Kafka. Una guida culturale*, Lindau, Turín, 2015. *[Praga en tiempos de Kafka*, Bruguera, 2006. Trad. de Ana Maria Becciu].

Shklovski, Víktor, *Guerra e pace di Tolstoj*. Trad. italiana de Salvatore Celestini, Elliot, Roma, 2014.

Steiner, George, *Tolstoj o Dostoevskij*, Garzanti, Milán, 2014, edición digital. Trad. italiana de Cristina Moroni. *[Tolstói o Dostoievski, Siruela*, 2003. Trad. de Agustín Bartra].

Tolstói, Lev, *Vi prego di strappare questa lettera. Carteggio confidenziale con Aleksandra A. Tolstàja*, a cargo de Olga Resnevič Signorelli, Elliot, Roma, 2018.

Woolf, Virginia, *Le donne e la scrittura*, a cargo de Michèle Barrett, La Tartaruga edizioni, Milán, 1995.

Zweig, Stefan, *Dostoevskij*, Castelvecchi, Roma, 2013. Trad. italiana de Mario Britti. *[Tres maestros: Balzac, Dickens, Dostoievski*, Acantilado, 2020. Trad. de Joan Fontcuberta].

Notas

Introducción. El placer de leer a los clásicos

1. Marcel Proust, *Alla ricerca del tempo perduto*, trad. de Giovanni Raboni, Mondadori, Milán, 2017. *[En busca del tiempo perdido*, RBA, 2013. Trad. de Carlos Manzano].
2. Milan Kundera, *Il libro del riso e dell'oblio*, trad. de Serena Vitale, Bompiani, Milán, 1987, p. 100. *[El libro de la risa y del olvido*, Tusquets, 2013. Trad. de Fernando de Valenzuela].

El arte de maravillarse. Lev Tolstói

1. Vladimir Nabokov, *Lezioni di letteratura*, Fredson Bowers (ed.), trad. italiana de Ettore Capriolo, Garzanti, Milán, 1994, p. 450. *[Curso de literatura europea*, Debolsillo, 2020. Trad. de Francisco Torres].
2. Lev Tolstói, *Guerra e pace*, trad. italiana de Gianlorenzo Pacini, Feltrinelli, Milán, 2014, pp. 219-220. *[Guerra y paz, Taller de Mario Múchnik, 2010. Traducción de Lydia Kúper].
3. *Ibid.*, p. 476.
4. *Ibid.*, pp. 478-479.
5. *Ibid.*, pp. 479-480.
6. *Ibid.*, pp. 865-866.
7. Giuseppe Scaraffia, *Marcel Proust*, Edizioni Studio Tesi, Pordenone, 1992, p. 202.
8. Viktor Šklovskij, *Testimone di un'epoca. Conversazioni con Serena Vitale*, Editori Riuniti, Roma, 1979. Citado por Paolo Nori en *I russi sono matti*.
9. James Wood, *Come funzionano i romanzi*, traducción italiana de Massimo Parizzi y Luca Briasco, minimum fax, Roma, 2021, edi-

ción digital, pos. 170. *[Los mecanismos de la ficción. Cómo se construye una novela*, Gredos, 2009. Trad. de Ana Herrera].

10. Lev Tolstói, *La confessione*, traducción italiana de Gianlorenzo Pacini, Feltrinelli, Milán, 2009, edición digital, pos. 33. *[Confesión*, Navona, 2023. Trad. de Marta Rebón].

11. Lev Tolstói, *I diari*, introducción de Serena Vitale, traducción italiana de Silvio Bernardini, Garzanti, Milán, 1997, p. 7. *[Diarios (1847-1894)* y *Diarios (1895-1910)*, Acantilado, 2018. Traducción de Selma Ancira].

12. *Ibid.*, p. 9.

13. *Ibid.*, p. 7.

14. *Ibid.*, p. 182.

15. Lev Tolstói, *Vi prego di strappare questa lettera. Carteggio confidenziale con Aleksandra A. Tolstàja*, Olga Resnevič Signorelli (ed.), Elliot, Roma, 2019, edición digital, pos. 172.

16. Lev Tolstói, *I diari*, cit., p. 91.

17. Lev Tolstói, *La confessione*, cit., pos. 23.

18. *Ibid.*, pos. 25.

19. *Ibid.*

El valor de exponerse. Fiódor Dostoievski

1. Fiódor Dostoievski, *L'idiota*, traducción italiana de Laura Salmon, Rizzoli, Milán, 2013, edición digital, pos. 89-90. *[El idiota*, Alba, 2020. Trad. de Fernando Otero].

2. Fiódor Dostoievski, *Lettere sulla creatività*, traducción italiana de Gianlorenzo Pacini, Feltrinelli, Milán, 2017, edición digital, pos. 28.

3. Christina Danilovna Alčevskaja, citada por Paolo Nori en *Sanguina ancora, L'incredibile vita di Fëdor M. Dostoevskij*, Mondadori, Milán, 2021.

4. Hermann Hesse, *Saggi. Poesie scelte*, traducción italiana de Italo Alighiero Chiusano, Mondadori, Milán, 1965, pp. 281-286. *[Escritos sobre literatura*, Alianza tres, 1970. Trad. de Genoveva y Anton Dieterich].

5. Fiódor Dostoievski, *Delitto e castigo*, traducción italiana de Damiano Rebecchini, Feltrinelli, Milán, 2013, p. 456. *[Crimen y castigo*, Alba, 2020. Trad. de Fernando Otero].

6. Fiódor Dostoievski, *Ricordi dal sottosuolo*, traducción italiana de Gianlorenzo Pacini, Feltrinelli, Milán, 2013, edición digital,

pos. 23. *[Memorias del subsuelo,* Alba, 2023. Trad. de Fernando Otero].

7. Franz Kafka, *La metamorfosi,* traducción italiana de Enrico Ganni, Einaudi, Turín, 2012, edición digital, pos. 147. *[La transformación,* Debolsillo, 2005. Trad. de Juan José de Solar].

8. Fiódor Dostoievski, *Delitto e castigo,* cit., p. 307.

9. *Ibid.,* pp. 455-456.

10. *Ibid.,* p. 458.

11. *Ibid.,* p. 371.

12. *Ibid.,* p. 274.

13. *Ibid.,* p. 308.

14. Stefan Zweig, *Dostoevskij,* traducción italiana de Mario Britti, Castelvecchi, Roma, 2013, p. 94. *Tres maestros: Balzac, Dickens, Dostoievski,* Acantilado, 2020. Trad. de Joan Fontcuberta.

15. Vladimir Nabokov, *Nikolàj Gogol',* edición de Cinzia De Lotto y Susanna Zinato, Adelphi, Milán, 2014, edición digital, pos. 133. *[Nikolái Gógol,* Anagrama, 2022. Trad. de Anna Renau].

16. Stefan Zweig, *Dostoevskij,* traducción italiana de Mario Britti, Castelvecchi editore, Roma, 2013, edición digital, pos. 130-131.

17. Fiódor Dostoievski, *L'idiota,* cit., pos. 110.

18. *Ibid.,* pos. 246-248.

19. Antón Chéjov, *Zio Vanja,* traducción italiana de Angelo Maria Ripellino, Einaudi, Turín, 2015, edición digital, pos. 102. *[El tío Vania,* Cátedra, 2006. Edición de Isabel Vicente].

20. Fiódor Dostoievski, *L'idiota,* cit., pos. 552.

21. *Ibid.,* pos. 578.

El oficio de encontrar nuestro lugar en el mundo. Thomas Mann

1. Alessandro Piperno, *Il manifesto del libero lettore,* Mondadori, Milán, 2017, edición digital, pos. 65.

2. Thomas Mann, *I Buddenbrook,* traducción italiana de Anita Rho, Einaudi, Turín 2014, pp. 252-253.

3. Golo Mann y Cesare Cases, *Thomas Mann, una biografia per immagini,* Edizioni Studio Tesi, Roma, 1990, p. 64.

4. Thomas Mann, *I Buddenbrook,* cit., p. 439. *[Los Buddenbrook,* Edhasa, 2008. Trad. de Isabel García].

5. *Ibid.,* p. 561.

6. Iván Goncharov, *Oblomov*, traducción italiana de Paolo Nori, Feltrinelli, Milán 2012, p. 220. *[Oblómov*, Alba, 2018. Trad. de Lydia Kúper].
7. *Ibid.*, p. 221.
8. *Ibid.*, pp. 224-225.
9. Vladimir Nabokov, *Nikolàj Gogol'*, Cinzia De Lotto y Susanna Zinato (eds.), Adelphi, Milán, 2014, edición digital, pos. 88.

Historia de un alma. Giacomo Leopardi

1. *Tutte le opere di Giacomo Leopardi*, vol. 1, a cargo de Francesco Flora, Mondadori, Milán, 1937, p. 641.
2. Giacomo Leopardi, Monaldo Leopardi, *Il Monarca delle Indie*, Adelphi, Milán, 1988, p. 38.
3. Aristóteles, *Metafísica*, a cargo de Enrico Berti, Laterza, Roma-Bari, 2017. *[Metafísica*, Gredos, 2014. Trad. de Tomás Calvo Martínez].
4. Pietro Citati, *Leopardi*, Mondadori, Milán 2010, p. 57. *[Leopardi*, Acantilado, 2014. Trad. de Juan José Díaz].
5. *Ibid.*, p. 59.
6. Antón Chéjov, *La corsia n.6*, traducción italiana de Erme Cadei, Karta edizioni, 2011, edición digital, pos. 553-558. [«La sala número 6» en *Cuentos*, Alba, 2004. Trad. de Víctor Gallego].
7. Vladimir Nabokov, *Lezioni di letteratura*, a cargo de Fredson Bowers, traducción italiana de Ettore Capriolo, Garzanti, Milán, 1982, p. 299.
8. Giuseppe Fumagalli, *Chi l'ha detto*, Hoepli, Milán, 1921, p. 286.
9. *Ibid.*, p. 286.

El eterno poder de la palabra. George Orwell

1. «Stati Uniti, più di 1600 libri banditi dalle scuole: "Parlano di razzismo e temi Lgbtq". Bocciati anche Orwell e Murakami», en la *Repubblica*, 20 de septiembre de 2022 (https://www.repubblica.it/cultura/2022/09/20/news/stati_uniti_piu_di_1600_libri_banditi_dalle_scuole_parlano_di_razzismo_e_temi_lgbtq_bocciati_anche_orwell_e_murakami-366434589). «University of Northampton's trigger warning on George Orwell's 1984», en Northants Live, 24 de enero de 2022 (https://www. northantslive.news/news/

northamptonshire-news/university-northamptonstrigger-warning-george-6541015).

2. George Orwell, *Un'autobiografia involontaria*, traducción italiana de Enzo Giachino, Rizzoli, Milán, 2021, edición digital, pos. 510-511.
3. George Orwell, *1984*, a cargo de Franca Cavagnoli, Feltrinelli, Milán, 2021, p. 21. *[1984*, Lumen, 2014. Trad. de Miguel Temprano].
4. *Ibid.*, pp. 23-24.
5. *Ibid.*, p. 62.
6. *Ibid.*, p. 63.
7. *Ibid.*, p. 64.
8. Fiódor Dostoievski, *Delitto e castigo*, traducción italiana y edición a cargo de Damiano Rebecchini, Feltrinelli, Milán, 2013, p. 465.
9. George Orwell, *1984*, cit., p. 55.
10. *Ibid.*, p. 174.
11. Steven Rea, «"Goya's Ghost" director witnessed parallels to the Inquisition», popmatters.com, 26 de julio de 2007.

Lecciones de amor más allá de las reglas. Jane Austen

1. Jane Austen, *Orgoglio e pregiudizio*, traducción italiana de Melania La Russa, Feltrinelli, Milán, 2021, p. 66. [Orgullo y prejuicio, Alba, 2011. Trad. de Marta Salís].
2. Jane Austen, *Orgoglio e pregiudizio*, traducción italiana de Cecilia Montonati, Giunti, Florencia, 2010, edición digital, p. 4.
3. Jane Austen, *Orgoglio e pregiudizio* (2021), cit., p. 38.
4. Lev Tolstói, *Guerra e pace*, cit., p. 375.
5. Jane Austen, *Orgoglio e pregiudizio* (2021), cit., p. 16.
6. *Ibid.*, p. 17.
7. *Ibid.*
8. *Ibid.*, p. 53.
9. *Ibid.*, p. 186.
10. *Ibid.*, p. 87.
11. *Ibid.*, p. 92.
12. *Ibid.*, p. 184.
13. William Shakespeare, *Amleto*, traducción italiana de Luigi Squarzina, Newton Compton, Milán, 2011, edición digital, pos. 113. *[Hamlet*, Penguin Clásicos, 2015. Trad. de Tomás Segovia].
14. Nadia Fusini, *Di vita si muore. Lo spettacolo delle passioni nel teatro di Shakespeare*, Mondadori, Milán 2010, p. 97.

15. Jane Austen, *Orgoglio e pregiudizio* (2021), cit., p. 18.
16. *Ibid.*, p. 202.
17. *Ibid.*, p. 215.
18. *Ibid.*, p. 242.
19. *Ibid.*, pp. 30-31.
20. *Ibid.*, pp. 310-311.
21. Gustave Flaubert, *Madame Bovary,* traducción italiana de Roberto Carifi, Feltrinelli, Milán, 2014, pp. 55. *[La señora Bovary,* Alba, 2017. Trad. de María Teresa Gallego].
22. *Ibid.*, pp. 53-54.
23. *Ibid.*, p. 62.
24. *Ibid.*, pp. 54-58.

La normalidad de ser extraños. Franz Kafka

1. Franz Kafka, *La metamorfosi,* traducción italiana de Enrico Ganni, Einaudi, Turín, 2012, edición digital, pos. 60.
2. Fiódor Dostoievski, citado de Stefan Zweig en *Dostoevskij,* traducción italiana de Mario Britti, Castelvecchi, Roma, 2013, edición digital, pos. 144.
3. Franz Kafka, *Lettere,* a cargo de F. Masini, Mondadori, Milán, 1988, p. 202. *[Cartas 1900-1914: Obras completas IV,* Galaxia Gutenberg, 2018. Trad. de Adan Kovacsics; *Cartas 1914-1920: Obras completas V,* Galaxia Gutenberg, 2024. Trad. de Carlos Fortea].
4. Franz Kafka, *La metamorfosi,* cit., pos. 70.
5. *Giornate particolari. Diari, memorie e cronache,* a cargo de Bianca Tarozzi, Ombre corte, Verona, 2006, p. 284.
6. Franz Kafka, *Lettera al padre,* traducción italiana de Anita Rho e Italo Alighiero Chiusano, Mondadori, Milán, 2020, edición digital, pos. 51-52. *[Diarios y Carta al padre: Obras completas II,* Galaxia Gutenberg, 1982. Trad. de Andrés Sánchez Pascual].
7. Franz Kafka, *La metamorfosi,* cit., pos. 108-109.
8. *Ibid.*, pos. 112.
9. *Ibid.*, pos. 114.
10. William Shakespeare, *Amleto,* traducción italiana de Luigi Squarzina, Newton Compton, Milán, 2011, edición digital, pos. 144.
11. *Ibid.*, pos. 145.
12. Massimo y Costanza Baldini, *L'arte della coiffure. I parrucchieri, la moda e i pittori,* Armando Editore, Roma, 2015, edición digital, pos. 44.

13. Franz Kafka, *La metamorfosi*, cit., pos. 135.
14. Vladimir Nabokov, *Lezioni di letteratura*, a cargo de Fredson Bowers, Garzanti, Milán, 1993, p. 311.
15. Franz Kafka, *La metamorfosi*, cit., pos. 149153.
16. Franz Kafka, *Lettera al padre*, cit., pos. 53-54.
17. Max Brod, *Franz Kafka, una biografia*, traducción italiana de Ervino Pocar, Mondadori, Milán, 1956, p. 284.
18. Lev Tolstói, *Anna Karenina*, traducción italiana de Gianlorenzo Pacini, Feltrinelli, Milán, 2013, p. 15. *[Anna Karénina*, Alba, 2010. Trad. de Víctor Gallego].
19. Franz Kafka, *La metamorfosi*, cit., pos. 124.
20. *Ibid.*, pos. 162-166.
21. *Ibid.*, pos. 186.
22. *Ibid.*, pos. 188.
23. Vincent Van Gogh, *Lettere a Theo*, traducción italiana de Marisa Donvito y Beatrice Casavecchia, Guanda, Parma, 2013, edición digital, pos. 185.
24. Candida Carrino, *Luride, agitate, criminali: un secolo di internamento femminile (1850-1950)*, Carocci editore, Roma, 2018.
25. Franz Kafka, *La metamorfosi*, cit., pos. 166-167.
26. *Ibid.*, pos. 196.
27. Nadia Fusini, *Di vita si muore. Lo spettacolo delle passioni nel teatro di Shakespeare*, Mondadori, Milán, 2010, p. 52.

El relato minucioso del espíritu de los personajes. Alessandro Manzoni

1. Alessandro Manzoni, *I promessi sposi*, Enrico Ghidetti (ed.), Feltrinelli, Milán 2003, p. 419. *[Los novios*, Akal, 2015. Trad. de Itziar Hernández].
2. *Ibid.*
3. *Ibid.*, p. 7.
4. Alessandro Manzoni, *Lettere d'amore, d'amicizia e d'altre cose*, con introducción y edición de Pierantonio Frare, prefacio de Edoardo Albinati, Rizzoli, Milán, 2023, edición digital, pos. 56.
5. Alessandro Manzoni, *I promessi sposi*, cit., p. 43.
6. *Ibid.*, p. 108.
7. *Ibid.*, p. 113.
8. *Ibid.*, p. 33.

9. *Ibid.*, p. 12.
10. *Ibid.*, p. 15.
11. *Ibid.*, p. 16.

El placer de saborear el tiempo.
Giuseppe Tomasi di Lampedusa

1. Giuseppe Tomasi di Lampedusa, *Il Gattopardo*, Gioacchino Lanza Tomasi (ed.), Feltrinelli, Milán, 2002, p. 58. *[El Gatopardo*, Anagrama, 2020. Trad. de Ricardo Pochtar].
2. *Ibid.*, p. 33
3. *Ibid.*, p. 84.
4. *Ibid.*, p. 219.
5. *Ibid.*, p. 9.
6. Giuseppe Tomasi di Lampedusa, *I racconti*, Feltrinelli, Milán, 2017, edición digital, pos. 70. *[Relatos*, Anagrama, 2020. Trad. de Ricardo Pochtar].
7. Giuseppe Tomasi di Lampedusa, *Il Gattopardo*, cit., p. 180.
8. *Ibid.*, p. 235.
9. *Ibid.*, p. 236.
10. Giuseppe Tomasi di Lampedusa, *I racconti*, cit., pos. 115.
11. Giuseppe Tomasi di Lampedusa, *Il Gattopardo*, cit., p. 96.
12. Giuseppe Tomasi di Lampedusa, *I racconti*, cit., pos. 70.
13. *Ibid.*, pos. 67-69.
14. Pietro Citati, *La malattia dell'infinito*, Mondadori, Milán, 2010, p. 370.
15. Giuseppe Tomasi di Lampedusa, *I racconti*, cit., pos. 41-42.
16. *Ibid.*, pos. 99-100.
17. Giuseppe Tomasi di Lampedusa, *Il Gattopardo*, cit., p. 107.
18. *Ibid.*, p. 55.
19. *Ibid.*, p. 145.
20. *Ibid.*, p. 108.
21. *Ibid.*, p. 207.
22. *Ibid.*, p. 221.
23. *Ibid.*, p. 181.
24. *Ibid.*
25. Hermann Hesse, *Siddharta*, traducción italiana de Massimo Mila, Adelphi, Milán, 2014, edición digital, pos. 125. *[Siddharta*, Debolsillo, 2020. Trad. de Juan José del Solar].

26. Giuseppe Tomasi di Lampedusa, *Il Gattopardo*, cit., p. 242.
27. *Ibid.*, p. 96.
28. *Ibid.*, p. 97.
29. *Ibid.*, pp. 243-244.
30. *Ibid.*, pp. 244-245.
31. *Ibid.*, pp. 221-222.
32. *Ibid.*, p. 222.

Enamorarse del deseo con Anna Karénina

1. Lev Tolstói, *Anna Karenina*, cit., p. 182.
2. Paolo Nori, *I russi sono matti: corso sintetico di letteratura russa*, UTET, Milán, 2019, edición digital, pos. 146-147.
3. Lev Tolstói, *Anna Karenina*, cit., pp. 142-143.
4. *Ibid.*, p. 996.
5. *Ibid.*, p. 467.
6. *Ibid.*, p. 477.
7. *Ibid.*, pp. 799-801.
8. Vladimir Nabokov, *Lezioni di letteratura*, Fredson Bowers (ed.), traducción italiana de Ettore Capriolo, Garzanti, Milán 1982, p. 13.
9. Lev Tolstói, *Anna Karenina*, cit., pp. 553-554.
10. *Ibid.*, p. 556.
11. *Ibid.*, p. 200.
12. *Ibid.*, p. 204.

Ático de los Libros le agradece la atención dedicada a *Enamorarse de Anna Karénina un sábado por la noche*, de Guendalina Middei. Esperamos que haya disfrutado de la lectura y le invitamos a visitarnos en www.aticodeloslibros.com, donde encontrará más información sobre nuestras publicaciones.

Si lo desea, puede también seguirnos a través de Facebook, Twitter o Instagram utilizando su teléfono móvil para leer los siguientes códigos QR: